ABC DU BREVET

Réussite

LE BREVET ASSURÉ

Anglais

3e

Stéphane David

Nathan

Crédits photographiques

p. 19 : Shutterstock / © bddigitalimages
p. 140 : Calvin and Hobbes © 1992 Bill Watterson. Used by permission of Universal Uclick
p. 164 : gauche : BIS / Ph.Tommy Maenhout © Archives Sejer ; droite : Fotolia.com / © David Monjou
p. 176 : Shutterstock / © Joshua Haviv

Réalisation éditoriale Raphaëlle Mourey, Julie Lavalard, Émilie Leibig, Nicolas Waszak

Pour l'édition 2016 Julie Langlais assistée de Laura Rahon

Conception graphique intérieur Julie Lannes

Couverture Marc & Yvette

Schémas CORÉDOC

Compositeur Linéale

ISBN : 978-2-09-152039-1

Mode d'emploi

Un ouvrage synthétique pour réviser et progresser avec méthode !

Cours

Méthode | Exercices | Corrigés

- **L'essentiel** du cours à connaître, présenté par double page.
- Des **tableaux** synthétiques et complémentaires pour mieux mémoriser.
- Un ***Testez-vous !*** en fin de cours pour vérifier rapidement ses connaissances.

Méthode

Cours | Exercices | Corrigés

- En page de gauche, des **conseils** pour adopter les bons réflexes et astuces, déjouer les pièges de la traduction, éviter certains pièges sur des points particuliers du cours.
- En page de droite, un **exemple** conforme au nouveau programme constitué d'un texte traduit, surligné et commenté, pour résoudre les difficultés de la langue.

Exercices

Cours | Méthode | Corrigés

- **Des exercices** de vérification des connaissances (QCM, Vrai ou faux).
- Des exercices **d'entraînement** couvrant l'ensemble des cours abordés dans le chapitre.

Corrigés

Cours | Méthode | Exercices

- **Des corrigés précis et commentés**, pour progresser plus vite.
- De nombreux **conseils** proposés en marge sous forme de bulles d'aide.

ANNEXES

- Les verbes irréguliers, les faux-amis, le top des expressions, un index.

Connectez-vous à abcbac.com

Sommaire

PARTIE II • Vocabulaire

CHAPITRE 9 Le langage

CHAPITRE 10 École et société

CHAPITRE 11 Voyages et migrations

CHAPITRE 12 Rencontres avac d'autres cultures

PARTIE III • Annexes

PARTIE 1 Grammaire

CHAPITRE

1 Le groupe nominal

1 Les articles

1 Les articles indéfinis *a*, *an* et Ø

- *a* + nom singulier débutant par un son consonne : *a book.* un livre.
- *an* + nom singulier débutant par un son voyelle : *an orange.* une orange.
- L'article zéro Ø est l'article indéfini pluriel, il signifie « des, du, de la ».

2 L'article défini *the*

- *The* fonctionne avec les noms masculins et féminins, singuliers et pluriels. Il peut signifier « le, la » ou « les ». Il indique des éléments clairement identifiés :
  - par le contexte : *Give me the books on the table.* Donne-moi **les** livres sur **la** table. → Ce sont des livres précis, ceux qui sont sur LA table (la seule table de la pièce).
  - parce que j'en ai déjà parlé : *I met **the** girl again yesterday.* J'ai encore rencontré **la** fille hier.
  - parce que c'est un élément unique : *the Pope.* Le Pape.

3 Les démonstratifs *this/that, these/those*

- **Au singulier :**

Démonstratifs	Indique…	Exemples
this	ce qui est proche de nous ou que l'on aime.	*I love **this** painter but I hate **that** sculptor.* J'adore **ce** peintre (celui-ci) mais je déteste **ce** sculpteur (celui-là).
that	ce qui est loin de nous ou que l'on aime moins.	

- **Au pluriel :**

Démonstratifs	Indique…	Exemples
these	ce qui est proche de nous ou que l'on aime.	***These** paintings are great but **those** sculptures are hideous!* **Ces** peintures (celles-ci) sont géniales mais **ces** sculptures (celles-là) sont hideuses.
those	ce qui est loin de nous ou que l'on aime moins.	

4 Emploi des articles indéfinis et définis

Articles	Caractéristiques	Exemples
a/an	devant un nom dénombrable singulier	*I saw a man yesterday.* J'ai vu un homme hier.
	avec les noms de métiers	*He is an architect.* Il est architecte.
Ø	devant des noms pluriels	*There are Ø dogs in the garden.* Il y a des chiens dans le jardin.
	devant les noms indénombrables	*There is Ø snow outside.* Il y a de la neige dehors.
	devant les couleurs et les aliments	*Ø blue, Ø chicken.* Du bleu, le poulet (la viande).
	devant les noms propres géographiques	*Ø England, Ø Texas, Ø Sydney.* L'Angleterre, le Texas, Sydney.
	devant les titres et fonctions + nom propre	*Ø Doctor House.* Le docteur House.
	pour énoncer des généralités	*Ø Lions are dangerous.* Les lions sont dangereux.
the	devant les groupes nominaux géographiques (fleuves, mers, océans, montagnes)	*The Atlantic ocean.* L'océan Atlantique.
	devant les titres et fonctions qui ne sont pas suivis d'un nom propre	*I saw the President.* J'ai vu le président.

Bien que *Atlantic* soit un nom propre, il est formé avec le nom commun *ocean* et suit donc la règle des noms communs.

Testez-vous !

Cochez la bonne réponse.

1. There was … cat in the garden yesterday.
☒ a ☐ an ☒ the ✗

2. … white horses are beautiful.
☐ a ☒ Ø ☒ the ✗

3. Everybody in … family love art. I'm an architect and my sister is a real estate agent.
☐ a ☐ an ☒ the ✓

4. … time is Ø money!
☒ a ☒ Ø ☐ the ✗

5. I can't make a cake! I forgot to buy … apples.
☐ an ☒ Ø ☐ a ✓

→ Réponses p. 24

2 Les noms

1 Le genre des noms

• En anglais, seules les personnes humaines ont un genre féminin ou masculin. Les seules exceptions à cette règle sont :

- les animaux domestiques : *That's my dog, **his** name is Cheeky.* C'est mon chien, **il** s'appelle *Joufflu.*
- les voitures ou bateaux auxquels les propriétaires sont très attachés et qui sont obligatoirement au féminin : *Here's my car! Look at **her**, **she**'s a beauty.* C'est ma voiture ! Regarde-**la**, c'est **une** beauté.

2 Le pluriel des noms

• Le pluriel des noms se forme en ajoutant un *s* à la fin du nom. Il doit obligatoirement être prononcé mais peut l'être de différentes manières.

- **[z]** dans la majorité des cas : *cars, sisters.*
- **[s]** après les consonnes f, k, p, t et th : *roofs, books, gaps, coats, paths.*
- **[iz]** après les sons [s], [z], [dj] et [ch] car sinon, on ne l'entendrait pas : *nurses, causes, wages, matches.*

• Certains pluriels passent par une modification de l'orthographe du nom. D'autres noms ont des pluriels irréguliers (voir tableaux ci-contre).

• Les noms *the police, the government, a couple, people* ne prennent pas le *s* du pluriel. Ils désignent cependant plusieurs personnes et sont donc toujours suivis d'un verbe au pluriel. *The police **are** arresting a suspect.* La police **est** en train d'arrêter un suspect.

3 Noms dénombrables et indénombrables

• Les noms dénombrables (ou comptables) désignent les éléments qui peuvent se compter : *a man, two chairs, a hundred years.* Ces noms fonctionnent avec les nombres et les articles définis et indéfinis.

• Les noms indénombrables (ou non comptables) désignent les éléments qui ne peuvent pas se compter : *salt, water, courage.* Ces noms ne peuvent fonctionner avec les articles indéfinis singuliers. Ils ont leurs déterminants spécifiques appelés « quantifieurs » (cf. p. 14).

• Certains noms indénombrables peuvent aussi être dénombrables. Ils ont alors un sens différent.

Ø coffee (du café) → *a coffee* (un café ou une tasse de café).

Ø chocolate (du chocolat) → *a chocolate* (un chocolat).

4 Les modifications orthographiques

Noms terminés par	Formes du pluriel	Exemples
-ch, -s, -sh, -x	nom + *-es*	*a punch* → *two punches ; a bus* → *two buses ; a bush* → *two bushes ; a box* → *two boxes*
Certains noms terminés par *-o*	nom + *-es*	*a tomato* → *two tomatoes ; a potato* → *three potatoes ; a cargo* → *four cargoes*
Certains noms terminés par *-f* ou *-fe*	*-f, -fe* → *-ves*	*a knife* → *two knives ; a thief* → *two thieves*
-y	*-y* → *-ies*	*a lady* → *two ladies ; a lorry* → *two lorries*

5 Les pluriels irréguliers

Noms	Règle de formation du pluriel
man et ses composés	*a man* → *two men* *a policewoman* → *two policewomen*
child	*a child* → *two children*
tooth, foot	*a tooth* → *two teeth ; a foot* → *two feet*
hair (les cheveux)	*hair* est invariable et suivi d'un verbe au singulier. ← *a hair* ou Ø *hairs* = poils.
sheep, fish	Ils gardent la même forme au singulier et au pluriel.
mouse	*a mouse* → *two mice*
trousers, shorts, jeans, pyjamas, scissors, glasses	Ces noms désignent une paire et sont donc toujours au pluriel.

Testez-vous !

Vrai ou faux ?

1. *Children* est un mot singulier.
☐ vrai ☒ faux ✓

2. Le pluriel de *mouse* est *mouses*.
☐ vrai ☒ faux ✓

3. *A hair* est correct
☒ vrai ☐ faux ✓

4. *Coffee* peut être dénombrable et indénombrable.
☒ vrai ☐ faux ✓

5. *That's my boat, she's a pearl* est correct.
☒ vrai ☒ faux ✗

→ Réponses p. 24

3 *Some, any, no, every* et leurs composés

1 *Some, any, no* et *every*

- ***Some*** et ***any*** expriment **une certaine quantité de.** Ils signifient « des » devant les noms dénombrables et « du, de la, d' » devant les indénombrables.
- Dans les affirmations, on utilise ***some***.

  Take some biscuits. Prends des biscuits. → *biscuits* est dénombrable.
  And there is some tea if you want. Et il y a du thé si tu veux. → *tea* est indénombrable.
- Dans les questions et les négations, on utilise ***any***. Dans les négations, il signifie « aucun(e) » ou « pas de… ».

  Have you got any money? As-tu de l'argent ?
- ***No*** exprime l'absence dans une affirmation. Il équivaut à ***any*** dans une négation. *There* ***aren't any*** *cookies left!* = *There* ***are no*** *cookies left!*
- ***Every*** peut exprimer la totalité ou signifie « chaque ».

  Hold fast to ***every*** *rope you can!* Accrochez-vous à **tous** les cordages que vous pouvez !
  Every *person was called.* Chaque personne a été appelée.

2 Composés de *some, any, no* et *every*

- Ils fonctionnent comme *some*, *any* et *no*. Le verbe qui les suit est à la 3e personne du singulier.
- Les composés de ***some*** servent dans les affirmations.
- Les composés de ***any*** s'utilisent dans les négations (où ils indiquent l'absence) et les affirmations (où ils correspondent en français à n'importe quoi, qui, où…).
- Les composés de ***no*** indiquent l'absence dans les affirmations.
- Les composés de ***every*** expriment la totalité.

3 Composés de *some, any, no* et *every* remplaçant une chose

	Traduction	Exemples
something	quelque chose	*There is something in there.* Il y a quelque chose là-dedans.
anything	quelque chose, rien	*Is there anything to eat? No, there isn't anything.* Y a-t-il quelque chose à manger ? Non, il n'y a rien.
nothing	rien	*It means nothing.* Ça ne veut rien dire.
everything	tout	*I saw everything officer!* J'ai tout vu Monsieur l'agent !

4 Composés de *some, any, no* et *every* remplaçant une personne

	Traduction	Exemples
somebody *someone*	quelqu'un	*There is somebody in the house!* Il y a quelqu'un dans la maison !
anybody *anyone*	quelqu'un personne	*Is there anybody in there? No, there isn't anyone!* Il y a quelqu'un là-dedans ? Non, il n'y a personne !
nobody, *no one*	personne	*Nobody came to her party!* Personne n'est venu à sa fête !
everybody *every one*	tout le monde	*Everybody saw the match yesterday.* Tout le monde a vu le match hier.

5 Composés de *some, any, no* et *every* remplaçant un lieu

	Traduction	Exemples
somewhere	quelque part	*I left it somewhere.* Je l'ai laissé quelque part.
anywhere	n'importe où nulle part	*I can go anywhere I want! I can't find it anywhere!* Je vais où je veux ! Je ne le trouve nulle part !
nowhere	nulle part	*He has nowhere to go!* Il n'a nulle part où aller !
everywhere	partout	*There was soda everywhere!* Il y avait du soda partout !

Testez-vous !

Cochez la bonne réponse.

1. Would you like … cakes?
☐ some ☐ any ☐ every

2. All my friends were here! There was … ! Mike, Dean, Susan! All my friends!
☐ anybody ☐ everybody
☐ nobody

3. Do you have … coins?
☐ some ☐ any ☐ much

4. I haven't seen … dog.
☐ some ☐ any ☐ no

5. No thanks, I need … !
☐ something ☐ anything
☐ nothing

→ **Réponses p. 24**

4 Les quantifieurs

1 Les quantifieurs

- Les quantifieurs mesurent la quantité.
- **Les unités de mesure :**

– Comme pour le système métrique (*a litre of…, ten grams of…*), on fabrique une unité de mesure à partir d'un nom dénombrable que l'on peut compter.

Two bottles of milk. Deux bouteilles de lait.

- **Les déterminants quantifieurs :**

– Certains fonctionnent soit avec les noms dénombrables, soit avec les indénombrables (voir tableaux ci-contre).

– D'autres fonctionnent avec les dénombrables **et** les indénombrables : *enough* (assez de), *a lot of, lots of, plenty of* (beaucoup de).

*I have **enough** apples but not **enough** flour.* J'ai **assez de** pommes mais pas **assez de** farine.

→ *apples* est dénombrable, *flour* est indénombrable.

*I need **a lot of** time and **a lot of** tools.* J'ai besoin de **beaucoup de** temps et de **beaucoup d'**outils.

→ *time* est indénombrable, *tools* est dénombrable.

2 Les unités de mesure

Type d'élément à compter	Unité de mesures	Exemples
les liquides et les poudres	*spoon(ful)s of…* *glass(es) of…* *cup(s) of…* *bottle(s) of…*	*two spoon(ful)s of sugar* deux cuillerées de sucre *three glasses of milk* trois verres de lait *four cups of tea* quatre tasses de thé *five bottles of wine* cinq bouteilles de vin
le pain	*loaf(ves) of…* *slice(s) of…*	*three loaves of bread* trois miches de pain *four slices of bread* trois tranches de pain
divers	*piece(s) of…*	*a piece of information* une information *two pieces of news* deux nouvelles

3 Les quantifieurs pour noms dénombrables

Descripteur	Quantifieur	Exemples
trop	*too many*	*They have too many soldiers.* Ils ont trop de soldats.
tant de	*so many*	*She's got so many jewels!* Elle a tant de bijoux !
beaucoup de	*many*	*Laura has many friends.* Laura a beaucoup d'amis.
un peu / quelques	*a few*	*I have a few objects to sell.* J'ai quelques objets à vendre.
peu de	*few*	*Mark hates reading, he has few books.* Marc déteste lire, il a peu de livres.
combien	*how many*	*How many coins have you got?* Combien de pièces as-tu ?

4 Les quantifieurs pour noms indénombrables

Descripteur	Quantifieur	Exemples
trop	*too much*	*I've put too much salt!* J'ai mis trop de sel !
tant de	*so much*	*She's got so much space in her house!* Elle a tant d'espace dans sa maison !
beaucoup de	*much*	*Has he lost much money?* A-t-il perdu beaucoup d'argent ?
un peu / quelques	*a little*	*A little sugar ?* Un peu de sucre ?
peu de	*little*	*I have little time to grant you!* J'ai peu de temps à vous accorder !
combien	*how much*	*How much time have you got?* Combien de temps as-tu ?

Testez-vous !

Cochez la bonne réponse.

1. I can only grant you … seconds.
☐ a few ☐ a little ☐ few

2. I don't have … eggs and … milk.
☐ a lot of ☐ enough ☐ lots of

3. Two … coffee please!
☐ bottles of ☐ glasses of ☐ cups of

4. Ouah! I've never seen … books!
☐ much ☐ so much ☐ so many

5. You need three eggs and three … of sugar.
☐ slices of ☐ pieces of ☐ spoons of

→ Réponses p. 24

5 Les pronoms

1 Les pronoms personnels sujets (PPS)

- Ils remplacent un nom sujet d'une phrase ou d'une proposition.

I love Harry Potter because Harry Potter can do magic. → *I love Harry Potter because* ***he*** *can do magic.*
J'adore Harry Potter parce qu'**il** peut faire de la magie.

2 Les pronoms personnels compléments (PPC)

- Ils remplacent un nom complément dans une phrase ou une proposition.
- Comme les noms compléments, les PPC se placent toujours après le verbe.

Jenny Garth? I hate Jenny Garth! → *Jenny Garth? I hate* ***her****!* Jenny Garth ? Je **la** déteste !

3 Les pronoms réfléchis

- Ils s'emploient quand le sujet fait une action sur lui-même, ce sont souvent des actions courantes.

I washed ***myself.*** Je **me** suis lavé.

- Ils s'emploient aussi quand le sujet souligne que c'est lui qui a fait quelque chose.

"It is delicious!" "Thanks, I made it ***myself.****"* « C'est délicieux ! » « Merci, je l'ai fait **moi-même.** »

- À l'infinitif, les verbes pronominaux se notent avec *oneself.*

to help ***oneself.*** **Se** servir.

4 Les pronoms réciproques

- ***Each other*** et ***one another*** : ils s'emploient quand deux sujets font la même action l'un sur l'autre.

Sarah and Susan help each other / one another for their homework. Sarah et Susan s'aident / s'entraident pour leurs devoirs.

5 Les pronoms démonstratifs

- ***This, that, these, those.*** *This* (singulier) et *these* (pluriel) remplacent des éléments proches de nous. *That* (singulier) et *those* (pluriel) remplacent des éléments loin de nous.

No, not ***those!*** ***These!*** Non, pas **ceux-là** ! **Ceux-ci** !

6 Place des pronoms compléments

- Les pronoms personnels compléments (PPC)

Beyonce loves Jay-Z. — Beyonce aime Jay-Z.
Beyonce loves him. — Beyonce l'aime.

En français, le pronom complément est avant le verbe. En anglais, il reste après le verbe.

- Les pronoms réfléchis

John shaves himself everyday. — John se rase tous les jours.

Himself remplace le complément *John* et se comporte comme un pronom complément, il reste à sa place de complément.

- Les pronoms réciproques

Beyonce and Jay-Z love each other. — Beyonce et Jay-Z s'aiment.

Each other remplace *Beyonce and Jay-Z*, c'est aussi un pronom complément, il reste à sa place de complément.

7 Tableau récapitulatif des pronoms

Personnes du singulier		PPS	PPC	Pronoms réfléchis	Personnes du pluriel	PPS	PPC	Pronoms réfléchis
1re		*I*	*me*	*myself*	1re	*we*	*us*	*ourselves*
2e		*you*	*you*	*yourself*	2e	*you*	*you*	*yourselves*
3e	masculin	*he*	*him*	*himself*	3e	*they*	*them*	*themselves*
	féminin	*she*	*her*	*herself*				
	neutre	*it*	*it*	*itself*				

Testez-vous !

Quels pronoms peuvent remplacer les éléments en gras ? Cochez la bonne réponse.

1. Mike and Susan invited **Tom and Mary.**
☐ him ☐ us ☐ them

2. Hey you two! Go to wash **you two!**
☐ yourself ☐ yourselves
☐ themselves

3. Harry Potter has caught **the snitch!**
☐ it ☐ him ☐ her

4. Laura is coming with **Jenny and me.**
☐ them ☐ you ☐ us

5. Bob went to the swimming-pool with **Isabel.**
☐ she ☐ him ☐ her

→ Réponses p. 24

Dénombrer, indiquer la quantité

LES RÉFLEXES À AVOIR

- Bien identifier les noms dénombrables ou indénombrables. Dans les dictionnaires, on trouve l'abréviation *NonC* (Non Comptable) ou bien *inden* (indénombrable).

- De nombreux noms ont le même fonctionnement en français et en anglais. Dans le doute, toujours vérifier dans un dictionnaire. Par exemple, à *furniture* (meuble, dénombrable en français), vous trouverez *NonC* ou *inden* selon votre dictionnaire.

LES PIÈGES À ÉVITER

- Attention, *some* peut s'employer dans les questions quand on offre quelque chose à quelqu'un. *Would you like some tea?* Voulez-vous du thé ? → Vous attendez une réponse par oui, cela vous fait plaisir d'en offrir.

  Il est préférable d'éviter *Would you like any tea?* Vous ne voulez pas de thé ? → Vous proposez par politesse mais en fait vous préféreriez que la personne réponde non.

- Ne pas utiliser *no* dans une phrase négative, cela forme une double négation.

  On choisira : *There is **not any** chance* ou *There is **no** chance.* Il **n'**y a **aucune** chance.

- *The Channel* (la Manche) est un nom propre géographique, mais il est précédé de *the* car il vient du nom commun *a channel* signifiant « un canal ».

LES ASTUCES DU PROF

- Quand on ajoute un adjectif à un nom, le nom devient dénombrable. Choisir un quantifieur n'est donc plus un problème. Vous pouvez utiliser un simple article défini ou indéfini.

  An incredible courage. Un courage incroyable.

DU FRANÇAIS À L'ANGLAIS

- Certains noms sont dénombrables en français et indénombrables en anglais.

Noms français (dénombrables)	Traduction en anglais (indénombrables)
un pain un meuble un bagage une information, une nouvelle	*a loaf of bread* *a piece of furniture* *a piece of luggage* *a piece of information, a piece of news*

EXEMPLE

▶ Préciser la quantité, suivre des instructions

Chocolate Brownies Recipe

Ingredients
$^{1}/_{4}$ cup of unsweetened cocoa powder.
$^{1}/_{2}$ cup of sifted unbleached flour.
2 $^{1}/_{2}$ tablespoon of softened margarine.
1 $^{1}/_{2}$ tablespoon of chopped walnuts.
$^{1}/_{2}$ cup of sugar.
1 egg. ← Seul *egg* est dénombrable.

Preparations instructions
Preheat the oven on a high setting.
With some margarine lightly grease a 3 $^{1}/_{2}$ x 7 $^{1}/_{2}$ inch baking tray.
Cream the margarine and sugar in a large bowl.
Mix in the cocoa powder, then add the egg and whip the mixture for about 1-2 minutes, until smooth and all the cocoa powder has been combined.
Sift the flour and add to the mixture, stir in the nuts.
Evenly spread the batter into the tray and bake for 18-20 minutes.

- **Les quantifieurs**

Cocoa powder, flour, margarine, chopped walnuts sont indénombrables. On les mesure avec des quantifieurs fabriqués avec *cup* et *tablespoon*.

- **Emploi de *some***

Some margarine indique une faible quantité, la précision importe peu.

- **L'emploi de l'article indéfini**

***a** baking tray* (**un** plat carré). L'article indéfini singulier *a* indique que l'on peut prendre **n'importe quel plat** de cette dimension. *A large bowl*, indique que **n'importe quel grand bol** convient.

- **L'emploi de l'article défini**

Pour *cocoa powder, egg* et *tray*, on utilise *the* parce qu'ils ont été mentionnés et qu'ils sont maintenant connus. En revanche, pour *oven* on utilise *the* parce que même si on ne sait pas de quel four on parle, on sait qu'il y a un four dans toutes les cuisines.

Alléger son style, éviter les répétitions

LES RÉFLEXES À AVOIR

- Les pronoms évitent les répétitions et les lourdeurs. Imaginez en français :

  Bilbon porte un toast en l'honneur de toute la ville et Bilbon dit que Bilbon aime toute la ville.

  Remplacez les noms par des pronoms à chaque fois que c'est possible en suivant l'ordre **sujet + verbe + complément.**

  Bilbo toasts the whole city and Bilbo says that Bilbo loves the whole city.
  Bilbo toasts the whole city and he says that he loves them.

LES PIÈGES À ÉVITER

- Choisissez correctement le pronom : *he* et *him* remplacent un homme ou un garçon, *she* et *her* remplacent une femme ou une fille, *it* remplace les choses et animaux.

LES ASTUCES DU PROF

- Pour ne pas vous tromper dans l'ordre des éléments, faites la phrase avec des noms puis remplacez-les par le pronom approprié sans modifier l'ordre.

  Guinevere loves Lancelot. Guenièvre aime Lancelot.
  Guinevere loves him. Guenièvre l'aime.

En anglais, l'ordre **sujet + verbe + complément** ne change pas.

- ***One*** peut remplacer un nom quand il est sous-entendu en français.

  Non ! Pas le gros livre, le petit ! → *No! Not the big book! The small one!*

DU FRANÇAIS À L'ANGLAIS

- Le pronom « on » n'existe pas en anglais et peut se traduire de différentes manières.

Emplois	Traduction	Exemples
on = nous	*we*	On l'a vu hier ! *We saw him yesterday!*
« on » générique	*one*	On peut toujours espérer. *One can only hope.*
sujet inconnu	*someone / somebody*	On a volé ma voiture ! *Someone stole my car!*
sujet vague	forme passive	On lui a promis une augmentation. *He was promised a rise.*

EXEMPLE

Reconnaître les pronoms

The moon was casting a cold, ghostly light over the park. It barely revealed the two men's shadows as they were walking catlike in the fresh snow. Then they saw each other and drew their swords.

"Oh, it's you!" they both said, recognising each other.

From the imposing manor house, neither could be seen for the trees were hiding them.

"You're here for the painting I guess." said Silas.

"Yes, the count indulges himself too much. I think it's time for a bit of property redistribution." answered Val. "How do we do it?"

"As usual, you go your way, I go mine and may the best thief win."

"Enjoy yourself then."

And without any more words, both men vanished once more leaving no trace behind them.

- Les pronoms personnels sujets

It évite de répéter *the moon.*

it remplace *the moon*, « la lune », qui est féminin en français, mais on utilise *it*, réservé aux objets et animaux.
they remplace *the two men*. Les deux hommes ont été mentionnés, ils peuvent être remplacés sans risque de confusion.
L'antécédent du pronom apparaît parfois plus tard dans le texte comme dans *You're here for the painting I guess* où *you* remplace Val et *I* remplace Silas.

- Les pronoms personnels compléments

them remplace *the two men*, cette fois en position complément, il respecte l'ordre **sujet + verbe + complément**.
Dans *How do we do it?* (Comment procède-t-on ?), *it* n'a pas d'antécédent direct, c'est le contexte qui indique que *it* fait référence au vol sur le point d'être commis.

- Les pronoms réfléchis

Dans *The count indulges himself too much* (Le comte se gâte de trop), *himself* remplace *the Count* : c'est lui-même que le comte gâte trop. *Himself* est aussi un pronom complément et suit l'ordre **sujet + verbe + complément**, de même que *yourself* dans *Enjoy yourself* (Amuse-toi bien).

- Les pronoms réciproques

Dans *they saw each other* et *recognising each other*, *each other* montre que les deux hommes se sont vus et reconnus mutuellement.

Vérification des connaissances

1 Cochez les bonnes réponses.

1. … United Kingdom is composed of four different parts.
☐ a ☐ an ☐ Ø ☒ the

2. There is … water in the garage!
☐ a ☐ an ☒ Ø ☒ the

3. Darling wake up! I think there is … in the house!
☐ somebody ☐ anybody ☐ nobody ☐ somewhere

4. … albums are excellent! I love them.
☐ this ☐ that ☒ these ☐ those

5. I can't find it … !
☐ somewhere ☐ anywhere ☐ nowhere ☐ something

6. Sorry! I have found … !
☐ something ☐ anything ☐ nothing ☐ nowhere

7. I don't have … patience to bear your stupidity!
☐ many ☐ much ☐ plenty of ☐ enough

8. … loved Michael Jackson!
☐ everything ☐ nowhere ☐ everybody ☐ something

Exercices d'entraînement

2 Choisissez entre *this, that, these* et *those*.

1. … albums are excellent but … ones are awful.

2. I prefer … T-shirt but it's too large for me so I will take … one.

3. Have you seen … man? (Sur un avis de recherche)

4. … girls are my friends but I don't like … boys.

5. Well, … hotels are very expensive. Hey! Look at … camping, it's very cheap and it's next to the beach!

3 Complétez ces phrases avec *some, any* ou *no*.

1. Do you want … cakes?

2. Ok, checklist for the camping: I've got … batteries for the lamp but I haven't got … water.

3. "Would you like … coffee?" "No thanks, I don't want … coffee."

4. "Excuse me. Do you have … potatoes?" "Sorry, there are … potatoes left, we sold everything yesterday."

5. "There are people playing … awful music in the street! And of course, there is … policeman around!"

4 Donnez une unité de mesure à chacun de ces indénombrables.

1. a slice of	**a.** news	**4.** a cup of	**d.** anxiety
2. a glass of	**b.** bread	**5.** a spoon of	**e.** wine
3. a piece of	**c.** tea	**6.** a sort of	**f.** sugar

5 Complétez ces phrases avec le pronom réfléchi qui convient.

1. It's a wonderful cake Susan! Did you do it … ?

2. The plumbing is broken so I couldn't wash … this morning!

3. We won on the lottery and with the money, we bought … a beautiful house.

4. I can believe it! Jack helped … to the chicken and Eileen and Philip kept the cake for … !

5. Hey you! Get to work! The car won't fix … by magic you know!

6. Hurry up boys. Dress … and go to school!

6 Traduisez en anglais les phrases suivantes.

1. « Elle a acheté le réfrigérateur. » « Mais il est très lourd ! » « Pas de problème, Ed est allé avec elle. »

2. Harry Potter et Drago Malefoy se détestent. Ils se battent tout le temps.

3. Les enfants ont fait leur cabane eux-mêmes.

4. Oh non ! Il y a du soda sur la table ! Donne-moi une éponge vite !

5. Je veux réparer un meuble, j'ai besoin d'un peu de bois.

6. « J'ai tant de temps avant le rendez-vous ! » « Prends quelques BD si tu veux. »

Testez-vous !

p. 9

1. a **2.** Ø **3.** the → *in* ***the*** *family* : c'est **la** famille de la personne qui parle. **4.** Ø **5.** Ø.

p. 11

1. faux → pluriel irrégulier : *one child, two children*. **2.** faux → pluriel irrégulier : *one mouse, two mice*. **3.** vrai **4.** vrai **5.** vrai.

p. 13

1. some **2.** everybody **3.** any **4.** any **5.** nothing.

p. 15

1. a few **2.** enough **3.** cups of → On choisit l'unité en fonction de ce que l'on mesure. On boit des tasses de café, pas des bouteilles, ni des verres et encore moins des tranches. **4.** so many **5.** spoons of.

p. 17

1. them **2.** yourselves **3.** it **4.** us **5.** her.

Vérification des connaissances

1 **1.** the **2.** Ø **3.** somebody **4.** these **5.** anywhere **6.** nothing **7.** enough **8.** everybody.

Exercices d'entraînement

2 **1. These** albums are excellent but **those** ones are awful.

2. I prefer **this** T-shirt but it's too large for me so I will take **that** one.

3. Have you seen **that** man?

4. These girls are my friends but I don't like **those** boys.

5. Well, **those** hotels are very expensive. Hey! Look at **this** camping, it's very cheap and it's next to the beach!

3 **1.** Do you want **some** cakes?

2. Ok, checklist for the camping: I've got **some** batteries for the lamp but I haven't got **any** water.

3. "Would you like **some** coffee?" "No thanks, I don't want **any** coffee."

4. "Excuse me. Do you have **any** potatoes?" "Sorry, there are **no** potatoes left, we sold everything yesterday."

5. "There are people playing **some** awful music in the street! And of course, there is **no** policeman around!"

> **Gagnez des points !**
> *no… left* indique qu'il ne reste « aucun(e) ». Utiliser cette expression valorisera votre devoir.

4 **1. b** **2. e** **3. a** **4. c** **5. f** **6. d.**

5 **1.** It's a wonderful cake Susan! Did you do it **yourself**?

2. The plumbing (plomberie) is broken so I couldn't wash **myself** this morning!

3. We won on the lottery and with the money, we bought **ourselves** a beautiful house.

4. I can believe it! Jack helped **himself** to the chicken and Eileen and Philip kept the cake for **themselves**!

5. Hey you! Get to work! The car won't fix **itself** by magic you know!

6. Hurry up boys. Dress **yourselves** and go to school!

> **Rappel**
> Les pronoms réfléchis indiquent que l'on fait l'action soi-même ou sur soi-même.

> **Piège à éviter**
> *Car* est un objet, on utilise donc un composé de *it*.

6 **1.** "She bought the fridge." "But it's very heavy!" "No problem, Ed went with her."

2. Harry Potter and Drago Malefoy hate each other. They fight all the time.

3. The children made their log cabin themselves.

4. Oh no! There is soda on the table! Give me a sponge, quick!

5. I want to fix a piece of furniture, I need some wood (a little wood).

6. "I have so much time before the appointment!" "Take a few comics if you want."

> **Piège à éviter**
> *Fight* signifiant « **se** battre », *each other* est inutile.

CHAPITRE

2 Les adjectifs, la possession, les comparatifs et le superlatif

1 Les adjectifs et la possession

1 Les adjectifs qualificatifs

• Les adjectifs qualificatifs se placent avant les noms qu'ils décrivent et sont invariables.

An old car une vieille voiture ; *red roses* des roses rouges.

• Si plusieurs adjectifs décrivent un même nom, ils se placent dans l'ordre suivant :

TACOM (Taille Âge Couleur Origine Matière) + **nom**

Archeologists have discovered a long ancient black British wooden chest. Des archéologues ont découvert un coffre ancien britannique long en bois noir.

2 Les adjectifs possessifs

• L'adjectif possessif détermine le nom auquel il se rapporte, du point de vue de l'appartenance.

Your colleague John? He is my cousin! Ton collègue John ? C'est mon cousin !

• ***His, her, its***. Si le possesseur auquel se rapporte l'adjectif possessif est de sexe féminin, on emploie ***her*** ; s'il s'agit d'une personne de sexe masculin, on emploie ***his*** ; et ***its*** pour les choses ou les animaux.

***Pete** has a new moto.* → Possesseur masculin. → *It is **his** moto.*

3 La possession (ou génitif)

• Le génitif indique l'appartenance d'une chose ou d'un objet à une personne ou un groupe de personne. Il se traduit par *'s* et se place juste après le possesseur (c'est l'inverse du français). *This is John's car.*

C'est la voiture de John.

Avec le génitif *'s*, l'article devant le nom disparaît.

• Après les noms pluriels, on ajoute seulement l'apostrophe.

This is my grand-parents' house. C'est la maison de mes grands-parents.

• Avec les pluriels irréguliers, on conserve le 's.

Be careful with the children's toys. Fais attention aux jouets des enfants.

• Le mot interrogatif *whose* (À qui) sert à interroger sur l'appartenance. *Whose dog is it?* À qui est ce chien ?

4 Tableau des adjectifs possessifs

Personne		Pronom	Exemples
1re du singulier		*my*	*This is my bike.* C'est mon vélo.
2e du singulier		*your*	*Laura is your sister!* Laura est ta sœur !
3e	propriétaire masculin	*his*	*Look at his watch!* Regarde sa montre !
	propriétaire féminin	*her*	*Look at her dress!* Regarde sa robe !
	propriétaire neutre (animal)	*its*	*Look at its leg!* Regarde sa patte !
1re du pluriel		*our*	*This is our son Tom.* C'est notre fils Tom.
2e du pluriel		*your*	*Is this your son?* C'est votre fils ?
3e du pluriel		*their*	*Look at their car!* Regarde leur voiture !

5 Emplois particuliers du génitif

Cas	Construction	Exemples
plusieurs possesseurs et une seule propriété	*'s* après le groupe de possesseurs	*Tom and Laura's house.* La maison de Tom et Laura.
plusieurs possesseurs et plusieurs propriétés	*'s* après chaque possesseur	*Tom's and Laura's houses.* Les maisons de Tom et de Laura.

Testez-vous !

Cochez la bonne réponse.

1. Harry a un long balai en bois marron.
- a a long brown wooden broomstick
- b a long wooden brown broomstick
- c a brown long wooden broomstick

2. Harry a une baguette. C'est sa baguette.
- a It's its wand.
- b It's his wand.
- c It's her wand.

3. Hermione a un chat. C'est son chat.
- a It's its cat.
- b It's his cat.
- c It's her cat.

4. À qui est ce revolver ?
- a To who is this gun?
- b Whose is this gun?
- c Whose gun is it?

5. C'est le revolver de Lucky Luke.
- a It's the gun of Lucky Luke.
- b It's Lucky Luke's gun.
- c It's the Lucky Luke's gun.

→ Réponses p. 37

2 Les comparatifs et le superlatif

1 Le comparatif de supériorité

• Le comparatif de supériorité sert à comparer deux éléments et indique lequel est supérieur à l'autre. Il se présente sous deux formes, que l'on choisit en fonction de l'adjectif (ou adverbe).

– Pour les adjectifs et adverbes courts (composés d'une syllabe ou de deux syllabes s'ils se terminent par *-y*), le comparatif de supériorité se forme : **adjectif / adverbe + *-er than...***

> **Exceptions :**
> *good / well* → *better than* ;
> *bad* → *worse than* ;
> *far* → *farther than* ;
> *clever* → *cleverer than*.

*My car is **faster than** yours.* Ma voiture est **plus rapide que** la tienne. → Adjectif *fast*.

*John is **funnier than** Sam.* Tom est **plus drôle que** Sam. → Adjectif *funny*, le *-y* devient *-i*.

– Pour tous les autres adjectifs et adverbes, le comparatif de supériorité se forme : ***more* + adjectif / adverbe + *than...***

*Carrots are **more expensive than** potatoes.* Les carottes sont **plus chères que** les pommes de terres.

2 Le comparatif d'égalité

• Pour tous les adjectifs et adverbes, il se forme avec : ***as* + adjectif / adverbe + *as...***

*Hercules is **as strong as** a lion!* Hercule est **aussi fort qu**'un lion ! → Hercule est fort comme un lion.

3 Le comparatif d'infériorité

• Pour tous les adjectifs et adverbes, il se forme avec : ***less* + adjectif + *than...***

*Tom is **less intelligent than** Megan.* Tom est **moins intelligent que** Megan.

4 Le superlatif

• Pour exprimer le plus haut degré, on utilise ***the* + adjectif / adverbe + *-est*** avec les adjectifs et adverbes courts. Avec les adjectifs et adverbes longs, on utilise : ***the most* + adjectif / adverbe**.

> **Exceptions :**
> *good / well* → *the best* ;
> *bad* → *the worst* ;
> *far* → *the farthest*.

*He is **the friendliest** guy I have ever seen.* C'est le gars **le plus sympa** que j'aie jamais vu. → Adjectif *friendly*, le *-y* devient *-i*.

*It's **the most dangerous** track.* C'est la piste **la plus dangereuse**.

• Pour exprimer le plus bas degré, avec tous les adjectifs et adverbes, le superlatif se forme : ***the least* + adjectif / adverbe**.

*He's **the least courageous** of all.* C'est **le moins courageux** de tous.

5 Comparer des éléments et des actions

- Avec les comparatifs d'adjectifs, on compare des éléments. Avec les comparatifs d'adverbes, on compare des actions.

Adjectif	Adverbe	Exemples	Sens
fast		*Lucky Luke is **faster than** his shadow.* Lucky Luke est **plus rapide** que son ombre.	On compare Lucky Luke et son ombre.
	fast	*Lucky Luke shoots **faster than** his shadow.* Lucky Luke tire **plus rapide** que son ombre.	On compare leurs manières de tirer.
brave		*Conan is **as strong as** Hercules.* Conan est **aussi fort qu'**Hercule.	On compare Conan et Hercule.
	bravely	*He fought **as bravely as** Hercules.* Il s'est battu **aussi bravement qu'**Hercule.	On compare leurs manières de combattre.

6 Classer avec des superlatifs

- Avec les superlatifs, on peut indiquer le plus haut ou le plus bas degré :
– à l'intérieur d'une même catégorie ou une période temporelle en ajoutant *of*,
– à l'intérieur d'une même zone géographique en ajoutant *in*.

	Exemples	Sens
catégorie	*Joe is the most dangerous **of** the Dalton brothers.* Joe est le plus dangereux **des** frères Dalton.	On compare Joe avec les autres frères Dalton.
période	*Poe was the best writer **of** his time.* Poe était le meilleur écrivain **de** son temps.	On compare Poe aux autres écrivain de son temps.
zone	*Lucky Luke is the fastest gunman **in** the West.* Lucky Luke est le pistolero le plus rapide **de** l'Ouest.	On compare Lucky Luke aux autres pistoleros de l'Ouest.

Testez-vous !

Cochez la bonne réponse.

1. Joe is … Jack.
[a] more small than [b] more smaller than [c] smaller than

2. Averell is … Dalton brothers.
[a] the most stupid of
[b] the stupidest of
[c] the most stupid in

3. Lucky Luke shoots … Blueberry.
[a] gooder than [b] better than
[c] weller than

4. Averell is … William.
[a] more funny than [b] funnyer than
[c] funnier than

5. Dynamite is … nitroglycerine.
[a] less dangerous as [b] as dangerous than [c] less dangerous than

→ Réponses p. 37

Décrire et repérer

LES RÉFLEXES À AVOIR

- Toujours placer les adjectifs qualificatifs avant le nom qu'ils décrivent et ne jamais les accorder.
- Pour le génitif *'s*, toujours inverser l'ordre par rapport au français.

Jenny's house. La maison de Jenny.

LES PIÈGES À ÉVITER

- Quand le possesseur est une personne, ne pas calquer sur le français et ne jamais utiliser *of*. *Jenny's house* et non pas ~~*The house of Jenny*~~.
- Utiliser *her* pour un propriétaire féminin, *his* pour un propriétaire masculin et *its* quand le propriétaire est un objet ou un animal.

her leg sa jambe (à elle) ; *his leg* sa jambe (à lui) ; *its leg* sa jambe (d'un chat par exemple).

LES ASTUCES DU PROF

- Pour l'ordre des adjectifs devant un nom, se rappeler des initiales **TACOM** (Taille Âge Couleur Origine Matière). Les adjectifs n'appartenant pas aux catégories de TACOM se placent souvent en premier.

An old, nice, English lady. Une gentille vieille dame anglaise.

- L'ordre n'a plus d'importance si les adjectifs sont séparés par des virgules.

An English, nice and old lady. Une vieille dame anglaise et gentille.

DU FRANÇAIS À L'ANGLAIS

- Traduire « de, d', du » pour l'appartenance ou la possession est difficile.

Quand le possesseur est…	Traduction de « de, du »	Exemples
vivant, animé	*'s*	*The lion's den.* La tanière **du** lion.
un temps ou un moment donné	*'s*	*A week's holiday ; yesterday's paper.* Une semaine **de** vacances ; Le journal **d'**hier.
objet, inanimé	*of*	*The branches **of** the tree.* Les branches **de** l'arbre.

EXEMPLE

Utiliser les adjectifs et le génitif

"A week's holiday in Tahiti! A seven days' break away from my boss's orders!" thought Mary delightedly.

"I can't find my pink swimsuit and Josh hasn't got his books!" yelled Sherry from upstairs.

"Your swimsuit is in your wardrobe, in the bottom drawer. Hurry up, our plane is taking off in three hours!"

"Mum!" screamed Josh, "Where are my books, I need them for the flight!"

"They are on the bookshelf of the blue bedroom, put them in Sherry's bag, with her books!"

"Darling, where is my yellow straw hat?" asked Stan.

"On the top of your head love. I think I am going to miss work after all…"

*The bookshelf **of** the blue bedroom* (l'étagère de la chambre bleue), *the top **of** your head* (le dessus de ta tête) sont des possesseurs inanimés : ils conservent le même ordre qu'en français, on utilise *of*.

- Décrire avec des adjectifs

Ils sont placés juste avant le nom et dans *my yellow straw hat* (mon chapeau de paille jaune), *yellow* et *straw* suivent l'ordre TACOM → ici couleur et matière.

- Les adjectifs possessifs

My, your, his, her et *our* changent en fonction du ou des propriétaire(s).
Avec *books* : pour les livres de Josh, on trouve *his books*, pour ceux de Sherry, on trouve *her books*.

- Génitifs avec des possesseurs animés

My boss's orders et *Sherry's bag* suivent la construction **possesseur + 's + propriété**.
Notez que *boss's orders* conserve le *'s*, même si *boss* se termine par un *s*, car il n'est pas pluriel.

- Repérer, décrire par rapport à un moment

A week's holiday et *a seven days' break* (une pause de sept jours) suivent la structure **possesseur + 's + propriété**.
Notez que *seven days* étant un pluriel régulier, le génitif se forme uniquement avec l'apostrophe.

Comparer et classer

LES RÉFLEXES À AVOIR

▶ Pour le comparatif de supériorité et le superlatif de haut degré, faire attention à la longueur de l'adjectif. Les adjectifs d'une syllabe ou de deux syllabes terminés par *y* sont des adjectifs courts. Les autres sont des adjectifs longs.

LES PIÈGES À ÉVITER

▶ En anglais, on ne peut comparer que des qualités ou défauts présents chez les personnes ou choses comparées.

Between Tony Parker and Joachim Noah, I think Noah is the worst player.
Entre Tony Parker et Joachim Noah, je pense que Noah est le pire joueur.

▶ Cette phrase est grammaticalement correcte mais incorrecte au niveau du sens puisque ni Tony Parker ni Joachim Noah ne sont de mauvais joueurs, on ne peut donc les comparer ni avec *bad* ni avec ses dérivés. Dans ce cas comparez avec *best*.

Between Tony Parker and Joachim Noah, I think Parker is the best player.
Entre Tony Parker et Joachim Noah, je pense que Parker est le meilleur joueur.

LES ASTUCES DU PROF

▶ Avec les superlatifs, quand on peut comparer en exprimant la supériorité ou l'infériorité, choisissez la supériorité, qui est plus courante.

Plutôt que *This car is the least fast*, un Anglais dirait *This car is the slowest*.

DU FRANÇAIS À L'ANGLAIS

▶ L'expression « de plus en plus … » se traduit avec :

– **comparatif + *and* + comparatif.**

In New York, the skyscrapers get ***higher and higher.***
À New York, les gratte-ciel deviennent **de plus en plus hauts**.

EXEMPLE

Comparer, classer

Mr and Mrs Stone have four children: Sam, Liz, Mark and Laura. Mark is heavier than Liz. Sam is as heavy as Laura.
Liz is less heavy than Laura.

Question 1 : Who is the lightest of the Stone children?
Question 2 : Who is the heaviest of the Stone children?

For Christmas, Sam got a bike, Liz got a doll, Mark got a surfboard and Laura got a computer.
Liz's doll is more expensive than Mark's surfboard and Mark's surfboard is less expensive than Laura's computer.
Mark's surfboard is as expensive as Sam's bike but Liz's doll is cheaper than Laura's computer.

Question 3 : Whose present is the most expensive?
Question 4 : Who got the least expensive present?

- Comparatifs de supériorité

Heaver than et *cheaper than* sont des comparatifs de supériorité d'adjectifs courts : **adj + *–er* + *than***. Avec *heavy* comme avec tous les adjectifs de deux syllabes terminés par *-y*, le *y* devient *i* lors de la formation du comparatif.
More expensive than est un comparatif de supériorité des adjectifs longs : ***more* + adjectif + *than***.

- Comparatifs d'égalité

Ils se forment toujours avec : ***as* + adjectif + *as***. La longueur de l'adjectif ne change rien.

- Comparatifs d'infériorité

Ils se forment toujours avec : ***less* + adjectif + *than***. La longueur de l'adjectif ne change rien.

- Superlatifs de haut degré

The lightest et *the heaviest* sont des superlatifs de haut degré d'adjectifs courts. Ils se forment avec : ***the* + adj + *–est***. Pour les adjectifs de deux syllabes terminés par *-y*, le *y* se transforme en *i*.
The most expensive est un superlatif de haut degré d'adjectifs longs, qui se forme avec : ***the* + *most* + adj.**

- Superlatifs de bas degré

Ils se forment avec : ***the* + *least* + adj**. La longueur des adjectifs ne change rien.

Vérification des connaissances

1 Cochez la bonne réponse.

1. Quand plusieurs adjectifs décrivent un nom, ils se placent dans l'ordre :

[a] ACTOM [b] MOCAT [c] COMAT [d] TACOM

2. Laquelle de ces expressions est correcte ?

[a] red old cars [b] old red cars [c] reds olds cars [d] olds reds cars

3. Le van de Bob et Liz se dit :

[a] Bob and Liz's van. [b] The van of Bob and Liz. [c] Bob's and Liz's van. [d] The van's Bob and Liz.

4. My brothers live in a house. It's …

[a] the house of my brothers. [b] my brothers's house. [c] the house's my brothers. [d] my brothers' house.

5. Luke has a robot. It's …

[a] the robot of Luke. [b] the robot's Luke. [c] Luke's robot. [d] the Luke's robot.

6. Jack and Sam are both bad baseball players but Sam plays … Jack.

[a] badder than [b] more bad than [c] worse than [d] worst than

7. Luna and Lola are two good singers but Luna sings … Lola.

[a] more good than [b] best than [c] gooder than [d] better than

8. Tom's house is … Zack's.

[a] as big as [b] as big than [c] less big as [d] as bigger as

9. My car is … your car.

[a] more cheap than [b] less expensive than [c] more cheap as [d] less expensive as

Exercices d'entraînement

2 Pour chaque phrase, placez les adjectifs dans le bon ordre.

1. A … car.
German - blue - beautiful - new

2. A … shirt.
silk - green - large - old

3. A … plumber.
young - Irish - fat

4. A … cart (chariot).
wooden - American - old - brown - big

5. A … grandpa.
Scottish - old - nice

3 Complétez ces phrases avec l'adjectif possessif qui convient.

1. Don't touch it! It's … ice-cream!

2. This is Susan's jacket and these are … shoes too.

3. This is … house, we are moving in next Summer.

4. Mike and Josh have lost … keys.

5. Mr Smith's horse has broken … leg.

6. Hey Joe! Is this … wallet? I found it under the bed.

7. Sean is very sad. … dog fell very ill yesterday.

4 Reformulez ces phrases avec des génitifs.

Ex. : *Bob has got a cat.* → *It's Bob's cat.*

1. This shirt belongs to Sam.

2. Jenny and Ted have got a house.

3. This dog belongs to my parents.

4. Joe has a bike and Suzy has a bike too.

5. This car belongs to Ross.

6. These toys belong to the children.

5 Complétez ces phrases avec le comparatif de supériorité des adjectifs entre parenthèses.

1. Snowhite is … (pretty) Cinderella.

2. Obelix fights … (good) the Romans.

3. A Rolls Royce is … (comfortable) a Ferrari.

4. Cacophonix (Assurancetourix) sings … (bad) Cindy Sanders.

5. Rataplan is … (stupid) his shadow.

6. Tyson Gay runs … (fast) Maurice Green.

7. New York is … (impressive) Chicago.

6 Complétez ces phrases avec le comparatif d'infériorité des adjectifs entre parenthèses.

1. Rataplan is … (intelligent) his shadow.
2. Tyson Gay runs … (fast) Usain Bolt.
3. A hippo is … (imposing) an elephant.
4. Ramzy is … (funny) Eric.
5. Tsonga plays … (well) Djokovic.

7 Complétez ces phrases avec le comparatif d'égalité des adjectifs entre parenthèses.

1. Tom is … (strong) Bill.
2. Laura is … (pretty) Lola.
3. Nadal plays … (well) Federer.
4. A Mercedes is … (comfortable) a BMW.
5. Einstein was … (intelligent) Newton.

8 Complétez ces phrases avec le superlatif des adjectifs entre parenthèses.

1. Usain Bolt is … (fast) man on Earth.
2. Asterix is … (intelligent) of the tribe.
3. Paris is … (populated) city in France.
4. Joe is … (tall) of the Dalton brothers.
5. Johnny English is … (bad) secret agent in the United Kingdom.
6. Lucky Luke is … (good) cowboy in the West.
7. The blue whale is … (heavy) mammal on the planet.

9 Traduisez en anglais.

1. La voiture de Sam est moins chère que le camion de Tom.
2. Tony Parker est le meilleur joueur de l'histoire du basket-ball français.
3. Ma sœur cuisine mieux que son mari.
4. Le voisin de mes parents a un vieux chien anglais noir.
5. Mon canapé est plus cher que le fauteuil de mon frère mais il est moins confortable.

Testez-vous !

p. 27

1. [a] **2.** [b] → Harry est un propriétaire masculin, on utilise *his*. **3.** [c] → Hermione est un propriétaire féminin, on utilise *her*. **4.** [c] **5.** [b].

p. 29

1. [c] **2.** [a] **3.** [b] **4.** [c] → le *y* de *funny* devient un *i* **5.** [c].

Vérification des connaissances

1 **1.** [d] **2.** [b] **3.** [a] → Une suite de personnes propriétaires d'un même objet : on met le *'s* après le dernier propriétaire nommé. **4.** [d] → Le propriétaire est un nom pluriel terminé par *s*, le génitif se forme uniquement avec l'apostrophe. **5.** [c] **6.** [c] **7.** [d] **8.** [a] **9.** [b]

Exercices d'entraînement

2 **1.** A beautiful new blue German car.
2. A large old green silk shirt.
3. A fat young Irish plumber.
4. A big old brown American wooden cart.
5. A nice old Scottish grandpa.

Gagnez des points !
Beautiful et *nice* n'appartiennent pas aux catégories du TACOM, ils se placent en premier.

3 **1.** Don't touch it! It's **my** ice-cream!
2. This is Susan's jacket and these are **her** shoes too. → Susan : propriétaire féminin, on utilise *her*.
3. This is **our** house, we are moving in next Summer.
4. Mike and Josh have lost **their** keys.
5. Mr Smith's horse has broken **its** leg. → Mr Smith's horse : propriétaire animal, on utilise *its*.
6. Hey Joe! Is this **your** wallet? I found it under the bed.
7. Sean is very sad. **His** dog fell very ill yesterday. → Sean : propriétaire masculin, on utilise *his*.

4 **1.** It is Sam's shirt.

2. It is Jenny and Ted's house (ou Ted and Jenny's house).

3. It is my parents' dog.

4. These are Joe's and Suzy's bikes.

5. It is Ross's car

6. These are the children's toys.

L'astuce du prof

Une suite de personnes propriétaires d'un même objet : on met le *'s* après le dernier propriétaire nommé.

L'astuce du prof

Plusieurs propriétaires et plusieurs propriétés : *'s* après chaque propriétaire.

5 **1.** Snowhite is **prettier than** Cinderella.

2. Obelix fights **better than** the Romans.

3. A Rolls Royce is **more comfortable than** a Ferrari.

4. Cacophonix sings **worse than** Cindy Sanders.

5. Rataplan is **more stupid than** his shadow.

6. Tyson Gay runs **faster than** Maurice Green.

7. New York is **more impressive than** Chicago.

Piège à éviter

Good et *well* sont irréguliers, ils deviennent *better than* au comparatif de supériorité et *the best* au superlatif.

Piège à éviter

Bad est irrégulier, ils devient *worse than* au comparatif de supériorité et *the worst* au superlatif.

6 **1.** Rataplan is **less intelligent than** his shadow.

2. Tyson Gay runs **less fast than** Usain Bolt.

3. A hippo is **less imposing than** an elephant.

4. Ramzy is **less funny than** Eric.

5. Tsonga plays **less well than** Djokovic.

Rappel

Le comparatif d'infériorité se construit de la même manière avec tous les adjectifs.

7 **1.** Tom is **as strong as** Bill.
2. Laura is **as pretty as** Lola.
3. Nadal plays **as well as** Federer.
4. A Mercedes is **as comfortable as** a BMW.
5. Einstein was **as intelligent as** Newton.

Rappel

Le comparatif d'égalité se construit de la même manière avec tous les adjectifs.

8 **1.** Usain Bolt is **the fastest** man on Earth.
2. Asterix is **the most intelligent** of the tribe.
3. Paris is **the most populated** city in France.
4. Joe is **the least tall** of the Dalton brothers.
5. Johnny English is **the worst secret** agent in the United Kingdom.
6. Lucky Luke is **the best cowboy** in the West.
7. The blue whale is **the heaviest** mammal on the planet.

9 **1.** Sam's car is cheaper than Tom's truck.
2. Tony Parker is the best player in the history of French basketball. → French basketball n'est pas un propriétaire animé, on utilise donc *of*.
3. My sister cooks better than her husband.
4. My parents' neighbour has an old black English dog.
5. My sofa is more expensive than my brother's armchair but it's less comfortable.

L'astuce du prof

Quand supériorité et infériorité sont possibles, optez pour la supériorité. Un Anglais utilisera *cheaper* (meilleur marché) plutôt que *less expensive*.

CHAPITRE 3

Le groupe verbal

1 La base verbale

1 Auxiliaires et base verbale

• La base verbale (l'infinitif sans *to)* s'utilise dans les négations ou les questions au présent ou au *preterit* simples. Seul l'auxiliaire *do* porte la marque de la conjugaison, le verbe reste à la base verbale.

Harry Potter ***doesn't*** *like Professor Snape.* Harry Potter n'aime pas le professeur Rogue.
What ***did*** *you do yesterday?* Qu'as-tu fait hier ?

• La base verbale s'utilise aussi après un auxiliaire modal comme *can (could)*, *will (would)*, *must*, etc.

Ces auxiliaires restent invariables.

In England, they must wear uniforms at school.
En Angleterre, ils doivent porter l'uniforme à l'école.

2 Verbes de perception et base verbale

• La base verbale s'utilise après les verbes de perception : *hear, see, watch, look, listen* quand on voit ou entend quelqu'un faire quelque chose. L'action est perçue dans son intégralité. Le sujet perçu précède alors la base verbale. Si c'est un pronom, il apparaît sous forme de pronom complément.

I	*saw*	*John (him)*	*leave.*
sujet 1	verbe 1	sujet 2	verbe 2

J'ai vu John partir. → Je l'ai vu partir.

3 *Make, let* et base verbale

• La base verbale s'utilise avec le verbe *make* quand on fait faire quelque chose à quelqu'un. Le sujet obligé précède alors la base verbale. Si c'est un pronom, il apparaît sous forme de pronom complément.

The policeman	*made*	*us*	*stop the car.*
sujet 1	verbe 1	sujet 2	verbe 2

Le policier nous a fait arrêter la voiture.

• Elle s'utilise avec le verbe *let* quand on laisse faire quelque chose à quelqu'un. Le sujet laissé libre précède alors la base verbale. Si c'est un pronom, il apparaît sous forme de pronom complément.

They let Mike and Lily (them) sleep. Ils laissent dormir Mike et Lily. → Ils les laissent dormir.

4 Au présent simple

	Exemple	Explication
Négation	*He doesn't like Professor Snape.*	L'auxiliaire *do* est présent, c'est uniquement lui qui porte le *s* de la 3e personne du singulier. Le verbe *like* reste à la base verbale.
Question	*Does he like Professor Snape?*	

5 Au prétérit simple

	Exemple	Explication
Négation	*He didn't like Professor Snape.*	L'auxiliaire *do* est présent, c'est uniquement lui qui porte la marque du *preterit* sous la forme *did*. Le verbe *like* reste à la base verbale.
Question	*Did he like Professor Snape?*	

Testez-vous !

Ces phrases sont-elles correctes ou incorrectes ?

1. Sherry doesn't likes History.
☐ correcte ☐ incorrecte

2. They didn't went to the cinema yesterday.
☐ correcte ☐ incorrecte

3. Josh's parents make him do his homework everyday.
☐ correcte ☐ incorrecte

4. They don't let him watches TV after 9 o'clock.
☐ correcte ☐ incorrecte

5. I heard Laura speak with Ryan on the phone.
☐ correcte ☐ incorrecte

→ Réponses p. 52

2 Infinitif ou *V + –ing* ?

1 L'infinitif

- Il existe quatre infinitifs :
– L'infinitif affirmatif : ***to*** **+ base verbale**
I want ***to see*** *Spiderman III.* Je veux **voir** Spiderman III.
– L'infinitif négatif : ***not to*** **+ base verbale**
Not to go *would be stupid.* Ce serait stupide de **ne pas y aller**.
– L'infinitif passif : ***to*** **+** ***be*** **+ participe passé**
She doesn't want ***to be disturbed.*** Elle ne veut pas **être dérangée**.
– L'infinitif continu : ***to*** **+** ***be*** **+ participe présent**
I will ***be waiting*** *in front of the bank.* **J'attendrai** devant la banque. → Je serai en train d'attendre devant la banque.
- L'infinitif s'emploie :
– après des verbes exprimant la volonté, l'accord, le désaccord ou l'espoir : *agree, choose, decide, expect, hope, refuse, want* et après *seem* (sembler).
Rosa Parks refused ***to stand up.*** Rosa Parks a refusé **de se lever**.
– Après des verbes exprimant l'ordre, le conseil, l'influence sur autrui : *advise, allow, forbid, force, invite, oblige, teach, tell, warn.*
He told Mary / her to listen. Il a dit à Mary d'écouter. / Il lui a dit d'écouter.

2 *V + –ing* (ou nom verbal)

- Le nom verbal s'emploie :
– après les verbes et expressions de goût : *love, enjoy, be keen on, be fond of, like, dislike, hate, loathe.*
I love ***surfing*** *the web.* J'adore surfer sur Internet.
– après *how about* et *what about* pour suggérer quelque chose.
What about ***going*** *to the cinema?* Et si on allait au cinéma ?
– comme nom, pour désigner une activité : *swim* (nager) → *swimming* (la natation).
Horse-riding *is my favourite pastime.* L'équitation est mon passe-temps favori.
– Après les verbes de perception : *hear, see, watch, look, listen* quand on voit ou entend une action en train de se dérouler (pas dans son intégralité comme avec la base verbale). Le sujet perçu précède alors le nom verbal. Si c'est un pronom, il apparaît sous forme de pronom complément.
I saw Bob (him) crossing the street. J'ai vu Bob traverser la rue. → *Je l'ai vu en train de traverser la rue.*

3 Ordre, conseil, influence et infinitif

Structure	Sujet 1	Verbe 1	Sujet 2	Verbe 2 + complément
Exemple	*He*	*told*	*Mary / her*	*to listen.*
Description	Il ordonne, conseille ou influence.	*advise, allow, forbid, force, invite, oblige, teach, tell, warn* conjugués.	Sujet obligé : nom ou pronom complément.	Action faite par le sujet obligé : infinitif.

4 Verbes de perception et *V + –ing*

Structure	Sujet 1	Verbe 1	Sujet 2	Verbe 2 + complément
Exemple	*I*	*saw*	*Bob / him*	*crossing the street.*
Description	Il	perçoit. Verbe de perception (conjugué).	Sujet perçu : nom ou pronom complément.	Action en train d'être faite par le sujet perçu : *V + –ing.*

Testez-vous !

Cochez la bonne réponse.

1. Sam and Mike love … tennis.
☐ play ☐ to playing ☐ playing

2. How about … to the new Muse album?
☐ listening ☐ listen ☐ to listen

3. I heard them … on the phone.
☐ to talk ☐ talking
☐ to talking

4. He obliged her … her homework.
☐ doing ☐ do
☐ to do

5. He agreed …
☐ waiting. ☐ to wait.
☐ wait.

→ Réponses p. 52

3 Les adverbes

1 Les adverbes de fréquence

Seul *most of the time* (la plupart du temps) se place en fin de proposition.

- Les adverbes de fréquences comme *always* ou *never* indiquent si le sujet fait l'action toujours, rarement, etc. Ils se placent juste avant le verbe.

  *I've **always** done my homework in front of TV.* J'ai **toujours** fait mes devoirs devant la télé.
  *At lunchtime, I eat a sandwich **most of the time**.* Au déjeuner, **la plupart du temps**, je mange un sandwich.

- Ils se placent juste après l'auxiliaire *be*.

  *Susan is **never** happy.* Susan n'est **jamais** heureuse.

2 Les adverbes de degré

- Les adverbes de degré comme *very* ou *a bit* modifient l'adjectif. Ils précisent si une personne décrite possède une qualité, un défaut ou une compétence à un très haut degré, à un degré moyen, etc.

  *He is **extremely** helpful.* Il est **extrêmement** serviable.

- Ils se placent toujours juste avant l'adjectif, sauf *not … at all* (pas … du tout) qui l'encadre.

  *Ed is **quite** talkative but he is **not** lazy **at all**.* Ed est **assez** bavard mais il n'est **pas** fainéant **du tout**.

- Ils peuvent modifier les adverbes de manière. Ils se placent alors juste avant ceux-ci. Dans l'exemple suivant, *rather* modifie *well* :

  *Diana played **rather** well during the match.* Diana a **plutôt** bien joué pendant le match.

- Ils peuvent modifier les adverbes de fréquence. L'ensemble adverbe de degré + adverbe de fréquence se place en fin de proposition.

  *She goes to the cinema **quite** often.* Elle va **assez** souvent au cinéma.

3 Adverbes de manière, de temps et de lieu

- Ils se placent en fin de proposition.

  *Josh plays football **well**.* Josh joue **bien** au football. → manière.
  *It rained a lot **yesterday**.* Il a beaucoup plu **hier**. → temps.
  *Come **here**!* Viens **ici** ! → lieu.

- Quand plusieurs de ces adverbes sont utilisés dans une même phrase, ils suivent en général l'ordre : **manière – lieu – temps**.

  *Liz played **well** yesterday.* Liz a **bien** joué hier. → **manière** et temps.
  *They will go **there** tomorrow.* Ils iront **là-bas** demain. → **lieu** et temps.

4 Récapitulatif des adverbes de fréquence

Adverbe	Traduction	Exemples
always	toujours	*I **always** read before sleeping.* Je lis toujours avant de dormir.
most of the time	la plupart du temps	*I get up at 7 **most of the time**.* La plupart du temps je me lève à 7 heures.
usually	généralement	*I **usually** sleep a lot.* Je dors généralement beaucoup.
often	souvent	*She doesn't **often** take the bus.* Elle ne prend pas souvent le bus.
sometimes	parfois	*He is **sometimes** boring.* Il est parfois ennuyeux.
seldom / rarely	rarement	*She **seldom** cries.* Elle pleure rarement.
never	jamais	*I've **never** liked him.* Je ne l'ai jamais aimé.

5 Récapitulatif des adverbes de degré

Adverbe	Traduction	Exemples
extremely / utterly	extrêmement	*Jay is **utterly** selfish.* Jay est extrêmement égoïste.
very	très	*He gets up **very** early.* Il se lève très tôt.
rather	plutôt	*It's a **rather** good device.* C'est plutôt un bon appareil.
quite	assez	*It happens **quite** often.* Ça arrive assez souvent.
a bit	un peu	*He is **a bit** crazy.* Il est un peu fou.
not … at all	pas … du tout	*It's **not** far **at all**.* Ce n'est pas loin du tout.

Testez-vous !

Cochez la bonne réponse.

1. I don't usually go swimming just after lunch.
☐ correcte ☐ incorrecte

2. They always are late.
☐ correcte ☐ incorrecte

3. It was yesterday great there.
☐ correcte ☐ incorrecte

4. I never go to fast food restaurants.
☐ correcte ☐ incorrecte

5. Susan well drove during her lesson.
☐ correcte ☐ incorrecte

→ Réponses p. 52

Associer plusieurs verbes

LES RÉFLEXES À AVOIR

- Pour ce qu'on aime / n'aime pas faire, utiliser : **verbe de goût + *V* + *–ing***.
- Pour ce qu'on veut / ne veut pas faire, utiliser : ***want* + *to* + base verbale**.
- Les verbes qui suivent les auxiliaires modaux *do* et *did* sont toujours à la **base verbale**.

LES PIÈGES À ÉVITER

- Jamais de double conjugaison. Dans *He doesn't like chocolate.* Le *s* de la 3e personne du singulier est porté par *do**es***, il ne doit pas être ajouté à *like*.
- Cette erreur de double conjugaison est particulièrement fréquente au *preterit*. On trouve souvent ~~*Tom did not bought a new car*~~ alors que *did* porte déjà la marque du passé, *buy* doit donc rester à la base verbale : *Tom did not buy a new car.*
- Les verbes de perception peuvent être suivis par la **base verbale** ou par ***V* + *–ing***. Avec la base verbale, l'action est perçue en entier, avec ***V* + *–ing***, elle n'est perçue qu'en partie. *I saw John cross the street.* → Vous avez vu la traversée complète. *I saw John crossing the street.* → Vous l'avez vu au milieu de la rue.

LES ASTUCES DU PROF

- Quand le groupe verbal contient un auxiliaire et un verbe, on conjugue uniquement l'auxiliaire.
- S'il y a deux verbes dans un seul groupe verbal, seul le premier se conjugue.

  I make Tom work. Je fais travailler Tom. → Même si *Tom* est une 3e personne du singulier, *work* reste à la base verbale, il ne prend pas de *s*.
- Quand plusieurs verbes suivent *want* (quand on veut faire plusieurs choses), ne pas répéter *to* avant chacun des verbes, le mettre avant le premier verbe suffit, les autres *to* sont sous-entendus. *I want **to go** to the restaurant and Ø **have** a huge steak.* Je veux aller au restaurant et manger un gros steak.

DU FRANÇAIS À L'ANGLAIS

- Pour traduire « faire » / « laisser faire » ou la perception d'une action : se rappeler que les compléments ne changent jamais de place en anglais.

  Je fais travailler **Tom**. Je **le** fais travailler. → *I make **Tom** work. I make **him** work.*

  Pour la perception : J'ai vu **Tom** travailler. Je **l'**ai vu travailler. → *I saw **Tom** work. I saw **him** work.*

EXEMPLE

Exprimer les goûts, la volonté, la capacité, l'influence

Interview between the Casting Director and the Casting assistant.

Casting director: *"Now, Kelly Ryan. Does she seem to be a good candidate?"*

Casting assistant: *"Yes, I think so. She is quite an athlete, she can run, she loves swimming and she also likes diving while holding her breath and climbing."*

Dir.: *"What about her personality?"*

Assist.: *"She could be a popular candidate. She doesn't like depending on others. She told me that when she was a kid, she didn't want to ask her parents for pocket money so she did small jobs, she simply refuses to remain idle. I think she is quite charismatic too, she can make the other candidates do what she wants. The two tribes must have a leader and she can probably become one.*

Dir.: *"So, do you want to select her?"*

Assist.: *"Yes, I am convinced that we can't let her pass."*

- *Does she seem, she can run, she could be, she doesn't like…*

Quand auxiliaires et verbes sont dans le même groupe verbal, seuls les auxiliaires sont conjugués (*could, does, did,* etc.), les verbes (*run, be, like, want,* etc.) sont à la base verbale.

- *She loves swimming […] diving […] and climbing. She doesn't like depending*

Les verbes de goût sont toujours suivis de *V + -ing*.

- *She didn't want to ask, she refuses to remain…*

Les verbes qui expriment la volonté, le refus, sont suivis d'un verbe à l'infinitif (*to + V*). Dans cette catégorie, on trouve également les verbes exprimant l'accord, le désaccord et l'espoir, ainsi que le verbe *seem* comme dans *Does she seem to be a good candidate?*

- *She can make the other candidates do, we can't let her pass*

Ces expressions de l'influence sur autrui, (« faire faire » et « laisser faire »), sont toujours suivies d'un verbe à la base verbale. Le sujet qui subit l'influence peut apparaître sous forme de nom ou groupe nominal (*the other candidates*), ou encore de pronom personnel complément (*let **her** pass*).

Être plus précis grâce aux adverbes

LES RÉFLEXES À AVOIR

- Les adverbes de fréquence se placent toujours avant le verbe.
- Les adverbes de degré se placent avant les adjectifs ou les adverbes qu'ils modifient.
- Les adverbes de manière, de temps et de lieu se placent en fin de proposition.

LES PIÈGES À ÉVITER

- Les adverbes de fréquence se placent après *be*.
- *Most of the time* se place en fin de proposition.
- *Not … at all* encadre l'adjectif qu'il modifie.
- Le *not* de *not … at all* s'accroche toujours à l'auxiliaire présent dans la phrase.
  *I **didn't** like him **at all**.* Je ne l'aimais pas du tout.
- Les adverbes terminés par *-ly* peuvent se placer avant le verbe ou en fin de proposition.

LES ASTUCES DU PROF

- Les adverbes sont tous invariables.
- Les adverbes ne séparent jamais le verbe et son complément.
- Si l'adverbe est en plusieurs mots, comme *very often*, il se place en fin de proposition.
- Les adverbes terminés par *-ly* :
  – s'ils se rapprochent d'un adverbe de fréquence (*regularly* par exemple), ils se placent avant le verbe.
  – s'ils précisent la manière, ils se placent en fin de proposition :
  She played incredibly. Elle a joué incroyablement / de manière incroyable.

DU FRANÇAIS À L'ANGLAIS

- La traduction de « encore » est problématique car cet adverbe a trois équivalents en anglais : *still, yet, again*, chacun ayant un sens différent.

Adv.	Sens	Place	Exemples
still	continuation, persistance dans le temps dans les affirmations	avant le verbe sauf *be*	*I still play tennis.* Je joue encore au tennis. Je joue toujours au tennis.
yet	absence jusqu'à un moment donné dans les négations	fin de proposition	*I don't know yet.* Je ne sais pas encore.
again	répétition	fin de proposition	*It's you again!* C'est encore toi !

EXEMPLE

Parler de ses habitudes, qualités et défauts

A casting interview

Interviewer: "So Kelly, tell us about yourself."

Kelly: *"I'm 22 and I come from Manchester. I'm quite sporty and dynamic. I am a very good swimmer, indeed I have always gone swimming at least three times a week since I was 6. I also jog everyday most of the time. I think I run rather well, I took part in the New York marathon.*

Int: *"What about the life on the camp and with the other contestants?"*

Kelly: *"Well, I am usually happy to spend time with other people and I can make myself very helpful. I am extremely dynamic and not lazy at all. I will probably be able to help efficiently in the building of the shelter and in the organising of the camp. I will also be able to carry firewood quite easily.*

Int: *"Any bad points about yourself?"*

Kelly: *"Well, unfortunately, I am utterly talkative, the others may find it a bit boring.*

- Les adverbes de fréquence : *I have always gone, I often jog, I have never liked.*

Ils précisent à quelle fréquence les actions sont faites (toujours, jamais, etc.). Ils se placent avant tous les verbes (sauf *be)*, que ceux-ci soient précédés d'un auxiliaire ou non. Seul *most of the time* se place en fin de proposition.

- Les adverbes de degré :

– *Quite sporty, extremely dynamic, very helpful, etc.*
Ils précisent le niveau auquel une personne a une qualité ou un défaut. Ils modifient l'adjectif, par exemple *talkative* (bavarde) devient *utterly talkative* (extrêmement bavarde), ils se placent toujours avant l'adjectif qu'ils modifient sauf *not… at all* qui l'encadre.
– *Rather well, quite easily*.
Ils peuvent aussi modifier d'autres adverbes pour préciser la qualité d'une action (très satisfaisante, passable, etc.). Ils se placent avant l'adverbe qu'ils modifient.

- Les adverbes de manière : *probably, unfortunately.*

Ils sont formés : **adjectifs + *-ly***. Ils modifient les verbes et se placent généralement avant ceux-ci, certains peuvent également se placer en fin de proposition. S'ils sont modifiés par un adverbe de degré comme dans *quite easily*, l'ensemble formé par les deux adverbes se place en fin de proposition.

Vérification des connaissances

1 **Cochez la bonne réponse.**

1. I don't want … to the swimming-pool.
- ☐ go
- ☐ going
- ☐ to go
- ☐ to going

2. Jerry doesn't … Tom.
- ☐ like
- ☐ liking
- ☐ to like
- ☐ likes

3. My brother hates … .
- ☐ run
- ☐ running
- ☐ to run
- ☐ runs

4. Sean … plays golf on Sundays.
- ☐ incredibly
- ☐ not at all
- ☐ well
- ☐ often

5. My mother makes … do my homework everyday.
- ☐ I
- ☐ me
- ☐ my
- ☐ mine

6. Bob's parents let … go out on Saturday evening.
- ☐ he
- ☐ she
- ☐ him
- ☐ her

7. Selma didn't … any presents for her husband's birthday!
- ☐ buy
- ☐ buys
- ☐ bought
- ☐ buying

Exercices d'entraînement

2 **Mettez les verbes entre parenthèses à la forme *V + –ing* ou *to + V*.**

1. Axel absolutely hates (shop).

2. The children want (go) to Disneyland.

3. What about (watch) Saturday Night Fever?

4. No way! I refuse (buy) you a new computer. The old one still works.

5. Paul seems (be) sad these days.

6. I enjoy (ski) very much.

3 **Mettez les verbes entre parenthèses à la forme conjuguée ou à la base verbale.**

1. They (play) bowling yesterday against another team.

2. But they didn't (win).

3. Sorry, there was too much snow, I couldn't (come).

4. Her mother makes Susan (listen) to classical music!

5. Hey Bob, can your sister (come) to my birthday party tomorrow?

6. Yes no problem. She (have) a day off (un jour de repos).

7. Does she (like) chocolate cake?

4 **Complétez les phrases suivantes en mettant l'adverbe entre parenthèses à la place [a], [b] ou [c].**

1. Jenny	[a]	works	[b]	on saturdays	[c].	(most of the time)
2. Bob and sam	[a]	play	[b]	bowling	[c].	(quite well)
3. The Fergussons	[a]	went	[b]	to Hawaii	[c].	(never)
4. Sarah	[a]	is	[b]	helpful	[c].	(extremely)
5. But she	[a]	is	[b]	sad	[c].	(often)
6. Zack	[a]	plays	[b]	the violin	[c].	(horribly)

5 **Complétez les phrases suivantes avec *make* ou *let* correctement conjugués.**

1. Stop dreaming! Your Dad will never … you drive his new car!

2. Susan's parents … her do the housework every Saturday.

3. This film is horrible! It … me cry all the time.

4. Josh's father … him go out at the weekend.

5. Don't … him escape! He's got the money!

6. The teacher … the pupils read three books a month.

6 **Remplacez les éléments en gras par des pronoms personnels sujets ou compléments.**

1. I saw **Thomas** paint, he is very good!

2. **Tom's football coach** makes the team train really hard.

3. Our father doesn't let **Jim and me** watch TV after 9.

4. Their parents let **Sarah and Mike** make the cake for Paul's birthday.

5. I heard **Jenny** speak on the phone with Bryan.

6. **Tim and I** saw Bob enter the music shop yesterday.

7 **Traduisez les phrases suivantes.**

1. Sarah n'aime pas jouer au tennis mais elle adore regarder les matchs.

2. « Que veux-tu faire ? » « Je veux aller au cinéma voir un film. »

3. Je les ai vus manger une grosse glace au parc.

4. Sa mère a fait faire ses devoirs à Sarah hier.

5. Et si nous allions à la plage ?

6. « Peux-tu venir à ma fête ? » « Oui, mes parents me laissent sortir jusqu'à minuit. »

Testez-vous !

p. 41

1. incorrecte

2. incorrecte ➔ Les marques de conjugaison ne se mettent qu'une fois, *does* et *did* portent déjà ces marques, les verbes restent à la base verbale : *like* dans la phrase 1 et *go* dans la phrase 2.

3. correcte

4. incorrecte ➔ « Faire » / « laisser faire » quelque chose à quelqu'un : *make* / *let* sont suivis d'une base verbale.

5. correcte

p. 43

1. playing

2. listening

3. talking ➔ Verbe de perception + *V-ing* = l'action est perçue en partie ; verbe de perception + base verbale = l'action est perçue en entier.

4. to do

5. to wait ➔ Les verbes exprimant l'influence ou l'accord sont suivis d'un infinitif.

p. 45

1. correcte

2. incorrecte ➔ Les adverbes de fréquence se placent après l'auxiliaire *be*.

3. incorrecte ➔ L'ordre manière – lieu – temps n'est pas respecté.

4. correcte

5. incorrecte ➔ Les adverbes de manière se placent en fin de proposition.

Vérification des connaissances

1

1. to go

2. like

3. running

4. often

5. me

6. him

7. buy

Rappel

Même sous la forme d'un pronom, le complément ne change pas de place : *Bob's parents let **him** go out* ➔ Les parents de Bob **le** laissent sortir.

Exercices d'entraînement

2

1. Axel absolutely hates **shopping**.

2. The children want **to go** to Disneyland.

3. What about **watching** Saturday Night Fever?

4. No way! I refuse **to buy** you a new computer. The old one still works.

5. Paul seems **to be** sad these days.

6. I enjoy **skiing** very much.

Rappel

Les verbes de goût sont toujours suivis de *V* + *-ing*.

Gagnez des points !

Les suggestions *How about* et *What about* sont toujours suivies de *V* + *-ing*.

Rappel

Les verbes exprimant volonté, refus, accord, désaccord, espoir et le verbe *seem* sont toujours suivis de *to* + *V*.

3

1. They **played** bowling yesterday against another team.

2. But they didn't **win**.

3. Sorry, there was too much snow, I couldn't **come**.

4. Her mother makes Susan **listen** to classical music!

5. Hey Bob, can your sister **come** to my birthday party tomorrow?

6. Yes no problem. She **has** a day off.

7. Does she **like** chocolate cake?

L'astuce du prof

Les verbes sont seuls : ce sont forcément eux qui portent la marque de conjugaison.

L'astuce du prof

Quand un auxiliaire est présent c'est toujours lui qui porte la conjugaison.

Rappel

« Faire faire » et « laisser faire » : le verbe qui suit *make* ou *let* est toujours à la base verbale.

4

1. [c] Jenny works on saturdays **most of the time**.
2. [c] Bob and sam play bowling **quite well**.
3. [a] The Fergussons **never** went to Hawaii.
4. [b] Sarah is **extremely** helpful.
5. [b] But she is **often** sad.
6. [c] Zack plays the violin **horribly**.

Remarque

Most of the time est le seul adverbe de fréquence qui se place en fin de phrase.

L'astuce du prof

Les expressions contenant plusieurs adverbes se placent toujours en fin de proposition.

Rappel

Les adverbes de fréquence se placent juste avant le verbe, sauf avec *be*.

5

1. Stop dreaming! Your Dad will never **let** you drive his new car!
2. Susan's parents **make** her do the housework every Saturday.
3. This film is horrible! It **makes** me cry all the time.
4. Josh's father **lets** him go out at the weekend.
5. Don't **let** him escape! He's got the money!
6. The teacher **makes** the pupils read three books a month.

6

1. I saw **him** paint, he is very good!
2. **He** *ou* **she** makes the team train really hard.
3. Our father doesn't let **us** watch TV after 9.
4. Their parents let **them** make the cake for Paul's birthday.
5. I heard **her** speak on the phone with Bryan.
6. **We** saw Bob enter the music shop yesterday.

Rappel

Dans les phrases 1, 3, 4 et 5, les noms en gras font partie du complément, ils doivent être remplacés par des pronoms personnels compléments.

7

1. Sarah doesn't like playing tennis but she loves watching the matches.

2. "What do you want to do?"
"I want to go to the cinema and watch a film."

3. I saw them eat a big ice-cream at the park.

4. Her mother made Sarah do her homework yesterday.

5. What about / How about going to the beach?

6. "Can you come to my party?" "Yes, my parents let me go out till midnight."

L'astuce du prof

Inutile de répéter *to* avant chaque verbe qui suit *want*, le mettre avant le premier verbe suffit.

L'astuce du prof

I saw them eating est possible, avec *eat* on voit l'action en entier, avec *eating* on voit l'action en cours, en partie.

CHAPITRE

4 Les différents types de phrases

1 Affirmations, négations et questions

1 Les affirmations

- Avec tous les temps et auxiliaires, les affirmations se construisent toujours selon le modèle : **Sujet + groupe verbal + complément(s) / adjectif(s).**

  Susan travels a lot. Susan voyage beaucoup.
  She visited New York in 2001. Elle a visité New York en 2001.

- Quand le verbe est seul, il porte la marque de la conjugaison. Quand la phrase contient un auxiliaire, c'est ce dernier qui porte les marques de conjugaison.

2 Les négations

- Les négations se construisent toujours selon le modèle : **Sujet + auxiliaire + *not* + verbe + complément(s) / adjectif(s).**

  Mark does not like sport. Marc n'aime pas le sport.
  He did not watch the match yesterday. Il n'a pas regardé le match hier.

- C'est toujours l'auxiliaire qui porte la conjugaison.

  *Mark **does** not **like** sport* → ***does*** porte le *s* de la 3e personne du singulier, il n'apparaît pas sur ***like***.

  *He **did** not **watch** the match yesterday* → ***did*** porte la marque du prétérit, *-ed* n'apparaît pas sur ***watch***.

> *Did* est la forme au passé de l'auxiliaire *do*.

3 Les questions

- Les questions se construisent toujours selon le modèle : **Mot interrogatif (facultatif) + auxiliaire + sujet + verbe + complément(s) / adjectif(s) + ?**

  What could we offer her for Christmas? Que pourrions-nous lui offrir pour noël ?
  Has she mentioned anything? A-t-elle parlé de quelque chose ?

> *Could* est la forme au passé de l'auxiliaire *can*.

- C'est toujours l'auxiliaire qui porte la conjugaison.
- Les questions servant à identifier le sujet suivent un modèle différent : ***Who* (personnes) / *What* (objets et animaux) + verbe + complément / adjectif(s) + ?**

  Who did this? Qui a fait ça ?
  What happened? Que s'est-il passé ?

4 Récapitulatif des auxiliaires de chaque temps

Temps	Auxiliaire utilisé	Conjugaison(s)
présent simple	action : *do* état : *be*	*do / does* *am / is / are*
présent *be* + *V -ing*	*be*	*am / is / are*
***preterit* simple**	action : *do* au *preterit* état : *be* au *preterit*	*did* *was / were*
preterit be* + *V -ing	*be* au *preterit*	*was / were*
present perfect	*have* au *présent*	*have / has*
pluperfect past perfect	*have* au *preterit : had*	*had*
futur	*will*	*will*

5 Récapitulatif des mots interrogatifs

Wh...	Traduction	*Wh...*	Traduction	*Wh...*	Traduction
What	Quoi / Qu'est-ce que	*Why*	Pourquoi	*How long*	Combien de temps
When	Quand	*What for*	Pour quoi faire	*How long ago*	Il y a combien de temps
Where	Où	*Which*	Lequel / Laquelle Lesquels / Lesquelles	*How many*	Combien (dénombrable)
Who	Qui	*How*	Comment	*How much*	Combien (indénombrable)
Whose	À qui	*How old*	Quel âge	*How far*	À quelle distance

Testez-vous !

Ces phrases sont-elles correctes ou incorrectes ?

1. I did not went skiing this year.
☐ correcte ☐ incorrecte

2. Does she likes chocolate cakes?
☐ correcte ☐ incorrecte

3. What does he do on Thursdays?
☐ correcte ☐ incorrecte

4. Who made this cocktail?
☐ correcte ☐ incorrecte

→ Réponses p. 70

2 Le passif

1 Emploi du passif

- Le passif s'emploie quand le sujet n'est pas l'auteur de l'action mais quand il la subit. *They were robbed.* Ils ont été dévalisés.
- Il s'utilise aussi quand le sujet réel de l'action est sans importance, inconnu ou évident.

  The culprit was arrested. Le coupable a été arrêté. → *Sujet réel évident : la police.*
- Le sujet réel de l'action peut être mentionné avec le complément d'agent *by*.

  They were robbed by three men. Ils ont été attaqués par trois hommes.
- Il s'utilise aussi pour mettre en valeur un élément en le plaçant en tête de phrase (gras).

  ***The boss** rewarded Mark.* **Le patron** a récompensé Marc.

  ***Mark** was rewarded by the boss.* **Marc** a été récompensé par le patron.

2 Construction du passif

- Affirmation : **Sujet + *be* + participe passé + complément.**

  The roof is supported by four pillars. Le toit est soutenu par quatre piliers.
- Négation : **Sujet + *be* + *not* + participe passé + complément.**

  The package was not sent. Le paquet n'a pas été envoyé.
- Question : ***Wh...* (facultatif) + *be* + sujet + participe passé + complément (facultatif) + ?**

  So? Were you given the job? Alors ? On t'a donné le job ?

3 Le passif et les modaux

- Le passif peut s'utiliser avec les auxiliaires modaux grâce à l'infinitif passif : ***be* + participe passé**.

  I think it can be fixed. Je pense que ça peut être réparé.

  The thief must be caught! Le voleur doit être attrapé !

4 Le passif et les temps

- La voie passive peut-être conjuguée aux mêmes temps que la voie active (sauf le *present perfect* en *be + V -ing* et le *pluperfect be + V -ing*).
- C'est l'auxiliaire du passif *be* qui porte la conjugaison.
- Au passif, quel que soit le temps, le verbe reste au participe passé.

5 Récapitulatif du passif aux différents temps

Temps	Exemples	Traductions
présent simple	*I am given a second chance.* *They are held responsible.*	On me donne une seconde chance. Ils sont tenus pour responsables.
présent *be* + V *-ing*	*The problem is being solved.* *We are being attacked.*	Le problème est en train d'être résolu. On nous attaque.
***preterit* simple**	*The ring was stolen.*	La bague a été volée.
preterit be* + V-*ing	*The victims were being rescued when…*	Les victimes étaient en train d'être secourues quand…
present perfect	*He has been declared guilty.* *They have been invited!*	Il a été déclaré coupable. Ils ont été invités !
pluperfect	*The treasure had been well hidden.*	Le trésor avait été bien caché.
futur	*A hospital will be built here.*	Un hôpital sera construit ici.

6 Passage de l'actif au passif

***R. Howard** adapted The Da Vinci code on screen.* R. Howard a adapté *Le Da Vinci code* à l'écran.

*The Da Vinci code was adapted on screen **by R. Howard**.* *Le Da Vinci code* a été adapté à l'écran par R. Howard.

- L'auteur de l'action (le sujet réel) de la phrase active devient complément d'agent introduit par *by* dans la phrase passive.
- Le COD de la phrase active (l'élément subissant l'action) devient sujet de la phrase passive.
- Le verbe est conjugué à la voie passive.

Testez-vous !

Cochez la bonne réponse.

1. It's impossible! The house … to ashes in two hours.
☐ wasn't burn ☐ isn't burnt
☐ wasn't burnt

2. The origin of this story …
☐ have been forgot ☐ have been forgotten ☐ has been forgotten

3. Harry Potter … by J. K. Rowling.
☐ was write ☐ was written
☐ was wrote

4. *Avatar* … by James Cameron.
☐ was rounded ☐ was film
☐ was shot

→ Réponses p. 70

3 Les subordonnées relatives et complétives

1 Les relatives

- Elles sont liées à des groupes nominaux et indiquent avec précision de qui ou de quoi l'on parle.

  My aunt who lives in Houston is 68.
  Ma tante qui habite à Houston a 68 ans.

> *Houston* est indispensable pour savoir de quelle tante il s'agit.

- Placées entre virgules, elles donnent une information supplémentaire sur leur antécédent.

  My aunt, who lives in Houston, is 68.
  Ma tante, qui habite à Houston, a 68 ans.

> *Houston* est juste une information supplémentaire.

- Elles sont introduites par des pronoms relatifs. Leur choix dépend de leur fonction et de la nature de l'antécédent (*cf.* tableaux 3 et 4).

2 Les complétives

> Quand il y a plusieurs complétives à la suite, *that* est obligatoire et Ø est impossible.

- Les complétives s'utilisent quand on voit ou entend une action. Elles ont le rôle de complément.
- Elles sont introduites par *that* ou Ø (que ou qu').

  I see Ø / that Obi Wan has taught you well. Je vois qu'Obi Wan t'a bien formé.

- Elles sont souvent utilisées pour rapporter quelque chose au discours indirect.

  He says Ø / that I am stupid! Il dit que je suis stupide !

- Quand on rapporte une question, la complétive est introduite par *if.*

  He asked me if I was interested. Il m'a demandé si j'étais intéressé.

3 Pronoms relatifs pour antécédents humains

Fonction du pronom	Pronom	Traduction	Exemples
sujet	*who* *that* *	qui	*The man who lives here is weird.* L'homme qui habite ici est bizarre.
complément	*Ø, that, whom*	que	*The girl Ø / that / whom you see there is my sister.* La fille que tu vois là-bas est ma sœur.
génitif	*whose*	dont	*The man whose house is here is weird.* L'homme dont la maison se trouve ici est bizarre.

* *that* est un peu familier dans ce cas.

4 Pronoms relatifs pour antécédents non humains

Fonction et nature du pronom	Pronom	Traduction	Exemples
antécédent sujet	*which, that*	qui	*The car that / which is parked here is mine.* La voiture qui est garée ici est la mienne.
antécédent complément	*Ø, that, which*	que	*The car Ø / that / which I saw had a flat tire.* La voiture que j'ai vue avait un pneu à plat.
génitif	*whose, of which*	dont	*The car whose tire is flat is mine. / The car the tire of which is flat is mine.* La voiture dont le pneu est à plat est la mienne.
lieu	*where, Ø ***	où	*The hotel where we stayed was great. / The hotel we stayed in was great.* L'hôtel où nous sommes restés était génial.
date	*when, Ø*	où	*It's the day Ø / when she got her exams.* C'est le jour où elle a eu ses examens.
raison	*why***, Ø*	variable	*This is the reason Ø / why I came.* C'est la raison de ma venue. / C'est pourquoi je suis venu.
absence d'antécédent	*what*	ce que	*What she said is a bunch of lies.* Ce qu'elle a dit est un tissu de mensonges.

** on utilise *where* si le verbe n'a pas de préposition, *Ø* si le verbe en a une.
*** *why* : pourquoi, de, la raison de, la raison pour laquelle.

Testez-vous !

Cochez la bonne réponse.

1. The boy … has the blue bike is the best rider.
☐ who ☐ Ø ☐ which

2. I saw the wolf … ate the sheep.
☐ Ø ☐ that ☐ who

3. He said … he loved me.
☐ Ø ☐ which ☐ who

4. The museum … we went was very interesting.
☐ Ø ☐ which ☐ where

5. I think … Neil Armstrong walked on the Moon in 1969.
☐ where ☐ that ☐ when

→ Réponses p. 70

4 Les subordonnées circonstancielles

1 Généralités sur les circonstancielles

- Elles sont compléments circonstanciels et peuvent être effacées de la phrase.
- Elles sont introduites par des conjonctions choisies selon la nature de la circonstancielle (temps, cause, condition, etc.).

2 Les circonstancielles de temps

- Elles sont introduites par : *when* (quand), *as soon as* (dès que), *while* (pendant que), *before* (avant), *after* (après) ou *till / until* (jusqu'à ce que).

  Come in quick before it starts raining. Entre vite avant qu'il ne se mette à pleuvoir.
- Quand elles expriment un projet d'avenir ou une prévision, la subordonnée est au présent, la principale au futur.

  When I have children, I will be very strict. Quand j'aurai des enfants, je serai très strict.

3 Les circonstancielles de condition ou d'hypothèse

- Elles sont introduites en majorité par *if* mais peuvent aussi l'être par *even if* (même si), *unless* (à moins que), *as long as* (tant que) ou *in case* (au cas où).

  I'll take a torch in case it's dark. Je prendrai une torche au cas où il ferait sombre.
- Selon le type d'hypothèse, la subordonnée et la principale se conjuguent à différents temps (cf. tableau ci-contre).

4 Les circonstancielles de cause et de but

- Les circonstancielles de cause sont introduites par *because* ou *for*.

  I moved because/for I was bored here. J'ai déménagé parce que je m'ennuyais ici.
- Les circonstancielles de but sont introduites par *to* et leur verbe est à la base verbale.

  I moved to have better living conditions. J'ai déménagé pour avoir de meilleures conditions de vie.
- Si le sujet de la circonstancielle est différent de celui de la principale, il est précédé de *for* et ne peut être remplacé que par un pronom complément.

  I moved for my family to be happier. J'ai déménagé pour que ma famille soit plus heureuse.

  I moved for us to be happier. J'ai déménagé pour que nous soyons plus heureux.

5 Les circonstancielles de concession

- Elles sont introduites par *though* ou *although* (bien que).

He walked back home although he was tired. Il est rentré à pied bien qu'il ait été fatigué.

6 Les différents types d'hypothèses

- La subordonnée correspond à l'hypothèse de départ, la principale indique la conséquence qu'a cette hypothèse si elle se réalise.

Type d'hypothèse	Temps de l'hypothèse	Temps de la principale (conséquence)	Exemples
réalisable	Présent	Futur	*If I win, I will buy a castle.* Si je gagne, j'achèterai un château.
fictive	*Preterit*	Conditionnel (*would* + BV)	*If I won, I would buy a castle.* Si je gagnais, j'achèterais un château.
non réalisée ou passée	*Pluperfect*	Conditionnel passé (*would* + *have* + participe passé)	*If I had won, I would have bought a castle.* Si j'avais gagné, j'aurais acheté un château.

Testez-vous !

Ces phrases sont-elles correctes ou incorrectes ?

1. When I will have this house, I will be the happiest woman on earth.
☐ correcte ☐ incorrecte

2. I bought this flat screen for my husband wanted a bigger TV.
☐ correcte ☐ incorrecte

3. I bought it for him to be happy.
☐ correcte ☐ incorrecte

4. If I get this new job, I will change house.
☐ correcte ☐ incorrecte

5. Mark trains everyday for stay fit.
☐ correcte ☐ incorrecte

→ Réponses p. 70

Bien construire les phrases simples

LES RÉFLEXES À AVOIR

- Identifier le bon auxiliaire selon le temps et selon que vous formulez une possibilité, une obligation, une interdiction, etc. (cf. chapitre 8, p. 116).
- Pour les négations, suivre toujours l'ordre : **Sujet + auxiliaire + *not* + verbe + complément(s) / adjectif(s).**
- Pour les questions, suivre toujours l'ordre : **Mot en *wh* (facultatif) + auxiliaire + sujet + verbe + complément(s) / adjectif(s) ?**

LES PIÈGES À ÉVITER

- Une seule marque de conjugaison par groupe verbal, mise en priorité sur l'auxiliaire : *Did she play?* A-t-elle joué ? → Le *preterit* est sur *did*, pas de *-ed* sur *play*.
- *Do* et *did* s'utilisent avec les verbes d'action et *be* quand vous parlez d'un état.
  ***Do** you see her? **Is** she pretty?* Tu la vois ? Elle est jolie ?
- Attention aux changements de personnes dans les questions (1e et 2e personnes).
  *"Where do **you** live?" "**I** live in Glasgow."*
- Attention aux changements de pronoms entre actif et passif.
  *They found **her**!* Ils l'ont trouvé ! → ***She** was found!* Elle a été retrouvée !
- Les auxiliaires *do, did, will* et *would* ne se traduisent pas et *be* ne se traduit que quand il est seul et à la voie passive. *I will have my new car tomorrow.* J'aurai ma nouvelle voiture demain. *Where were you going?* Où allais-tu ? Mais : *Where **were** you?* Où **étais**-tu ? et *Where **were** you hit?* Où as-tu **été** frappé ?

LES ASTUCES DU PROF

- Questions servant à identifier le sujet : partir de l'affirmation et remplacer le sujet inconnu par *who* si c'est une personne et par *what* si c'est un objet ou un animal.
  ***Martin** stole the orange.* **Martin** a volé l'orange. → ***Who** stole the orange?* **Qui** a volé l'orange ?

DU FRANÇAIS À L'ANGLAIS

- Les réponses par « Oui. » ou « Non. » se traduisent par des réponses brèves :
  – Réponse brève affirmative : ***Yes* + sujet + auxiliaire.** *Is she OK? Yes she is.* Elle va bien ? Oui.
  – Réponse brève négative : ***No* + sujet + auxiliaire + *n't* / *not*.**
  Have you seen Star Wars? No I haven't. As-tu vu Star Wars ? Non.

EXEMPLE

Interroger et répondre

- Mr Smith, were you present during the hold-up and what were you doing?

- Yes, I was. I was queueing in front of the Automated Teller Machine with my wife.

- And what did you do when you heard the gunshots?

- We panicked and we hid under a table.

- Did you see anything?

- No I didn't. I couldn't look at them, I was terrified and the gangsters wore masks. I can just say they were scary.

- Can you tell me anything else? I don't know... Have you heard something? Or has your wife heard anything?

- No I haven't, sorry. And my wife is still shocked, she doesn't remember much... Just one thing, she thinks that one of them had a Scottish accent.

- Thank you, this detail will be very helpful. Please don't leave town in case we need you again.

● *We panicked ; she thinks that one of them had a Scottish accent* : dans ces affirmations sans auxiliaire, les verbes sont conjugués : *panicked, heard, wore* et *had* au *preterit*, *thinks* au présent simple.
Elles suivent l'ordre : **sujet + groupe verbal + complements / adjectif(s)**.

● *I was queuing ... ; I can just say ... ; this detail will be very useful* : ces affirmations comportent des auxiliaires, ce sont eux qui portent les marques de la conjugaison : le *preterit* sur *was*, le présent sur *can* et le futur sur *will.*
Elles suivent l'ordre : **sujet + groupe verbal + complements / adjectif(s)**.

● *I couldn't look at them ; she doesn't remember* : les négations se forment avec des auxiliaires. Ils portent la marque de la conjugaison : le *preterit* sur *couldn't*, le *s* de la 3e personne du singulier du présent simple sur *doesn't.*
Elles suivent l'ordre : **sujet + auxiliaire + *not* + verbe + complément(s) / adjectif(s).**

● *What were you doing ; what did you do ; has your wife heard anything* : les questions contiennent des auxiliaires. Ils portent la conjugaison : le *preterit* sur *were* et *did*, le *s* de la 3e personne du singulier sur *has*. Elles suivent l'ordre : **Mot en *wh*- (facultatif) + auxiliaire + sujet + verbe + complément(s) / adjectif(s)**?

● *Yes, I was ; No I didn't ; No I haven't* : réponses brèves à des questions fermées (auxquelles on ne peut répondre que par « oui » ou « non »).
Elles se forment ainsi : ***Yes* + sujet + auxiliaire** pour les réponses affirmatives, ***No* + sujet + auxiliaire + *not*** pour les réponses négatives.

Bien construire les phrases complexes

LES RÉFLEXES À AVOIR

▶ La structure des relatives est, en anglais, assez similaire à celle du français. Vous pouvez donc suivre la structure du français.
The man that I saw was tall.
L'homme que j'ai vu était grand.

LES PIÈGES À ÉVITER

▶ « Qui » et « que » s'appliquent à tous les antécédents alors qu'en anglais *who* ne fonctionne qu'avec les humains et *which* avec les non humains (choses, animaux, etc.).
*The girl **who** is sitting there is my sister.* La fille **qui** est assise là-bas est ma sœur.
*The dog **which** is barking is mine.* Le chien **qui** aboie est le mien.

LES ASTUCES DU PROF

▶ On peut simplifier les relatives (relatives réduites) en omettant le pronom relatif et l'auxiliaire *be* (ou les verbes d'état) ou en les remplaçant par une préposition.
There was a tree that was blocking the road. → *There was a tree blocking the road.*
Il y avait un arbre qui bloquait la route. → Il y avait un arbre bloquant / en travers de la route.
The boy who has the blue bike is my brother. → *The boy with the blue bike is my brother.*
Le garçon qui a le vélo bleu est mon frère. → Le garçon avec le vélo bleu est mon frère.

DU FRANÇAIS À L'ANGLAIS

▶ La traduction de « pour » est souvent problématique.
– « Pour » suivi d'un nom (pour quelqu'un, pour une occasion, etc.) : ***for* + nom.**
I bought a present for Jenny.
J'ai acheté un cadeau pour Jenny.
– « Pour » suivi d'un verbe (pour faire quelque chose) : ***to* + base verbale**.
I bought wood to build a cabin.
J'ai acheté du bois pour faire une cabane.

EXEMPLE

Préciser, informer, rapporter

- Feeling better Mrs Smith?

- Yes thank you. When we left the bank I was scared by all that violence but I'm OK now.

- So, tell us what you have seen?

- Well, I could look discreetly because there were plants which were hiding me. The man standing in the middle led the gang. He said that he wanted the money in the safe.

- And the others?

- The man who was on the right had a Scottish accent and I saw he had red hair.

- And the man on the left?

- He fired to make the clients lie on the floor, I don't know anything else. We were terrified!

● Les relatives : *plants which were hiding me, the man who was on the right. Plants* est non humain, il est repris par *which. Man* est humain, il est repris par *who.* Les deux auraient pu être repris avec *that.*

The man on the left : relative réduite. Entre *the man on the left* et *the man who was on the right*, on voit bien l'effacement de *who was*. Comme pour *The man (who was) standing in the middle* et *the money (that was) in the safe.*
Tell us what you have seen : relative sans antécédent → *what* = ce que (dites-nous ce que vous avez vu).

● Les circonstancielles :
when we left the bank est une circonstancielle de temps.

Because there were plants est une circonstancielle de cause.

To make the clients lie on the floor est une circonstancielle de but, l'homme a tiré pour faire quelque chose → pour faire s'allonger les clients sur le sol.

● Les complétives : *I saw he had red hair* ici, elle n'a vu qu'une chose donc Ø suffit. Si, Mme Smith avait aussi vu qu'il boitait, *that* aurait été obligatoire : *I saw **that** he had red hair and **that** he was limping.*

● Les phrases passives : *I was scared by all that violence ; We were terrified by these men.* Mme Smith et les autres clients **étaient** terrifiés par la violence des gangsters, ils subissaient l'attaque. Le premier sujet réel *that violence* est introduit par *by.* Le second sujet réel est omis car évident (encore la violence ou les gangsters).

Vérification des connaissances

1 Cochez les bonnes réponses.

1. He … to go to the swimming-pool.

☐ don't want ☐ doesn't wants ☐ doesn't want ☐ don't wants

2. … he … this weekend?

☐ Did… play ☐ Do… played ☐ Did … played ☐ Does … played

3. "Who … my car yesterday?" "Bob did."

☐ did he take ☐ took he ☐ did take ☐ took

4. My friend, … is brilliant at math, helps me for my homework.

☐ Ø ☐ whom ☐ who ☐ which

5. "The driver … plate number is AB-234-CD is asked to move his vehicle."

☐ who ☐ whose ☐ whom ☐ which

6. Train harder or the game …!

☐ is lose ☐ is lost ☐ loses ☐ lost

7. She said … she bought a coat for half price and … she had a 40 % discount on her shoes.

☐ Ø ☐ which ☐ that ☐ if

Exercices d'entraînement

2 Toutes ces affirmations sont fausses, transformez-les en négations.

1. The American president lives 10 Downing Street.

2. James Bond was created by Arthur Conan Doyle.

3. Agatha Christie invented Sherlock Holmes.

4. The next Olympic Games will be in Paris.

5. There are 52 states in the USA.

6. Mr Sony has discovered electricity.

3 Posez les bonnes questions pour retrouver les éléments en gras.

1. Agatha Christie invented **Miss Marple and Hercule Poirot**.

2. Tom and Maggie are taking the train **at 10 o'clock**.

3. **Frodo and Sam** took the ring to Mordor.

4. Our agent will leave the suitcase **in locker 413**.

5. It takes **eight hours** to fly from Paris to New York.

4 Mettez ces phrases au passif.

1. Peter Jackson adapted *The Lord of the rings* books on screen.

2. J. K. Rowling wrote the *Harry Potter* series.

3. Diggers did not discover gold in California in 1748 but in 1848.

4. Solar panels turn sun rays into electricity.

5. In the future, we will use seaweed as fuel.

6. Will the police arrest him?

5 Formez une seule phrase complexe avec ces deux phrases simples.

1. The boy works in the garage. The boy is Zoe's boyfriend.

2. I missed the train. The train left at 6 o'clock.

3. We visited a museum. In the museum there were skeletons of dinosaurs.

4. The CD is on the table. I bought the CD in London during the holidays.

5. Ashlin will by hired by the baker. The baker is down the street.

6 Traduisez les phrases suivantes.

1. On l'a engagé pour tourner un film !

2. L'homme qui a fait ça est un héros.

3. Quand j'aurai obtenu mes examens, j'irai en vacances en Australie.

4. La dame qui est au téléphone veut savoir si nous avons des chaussettes roses et vertes.

5. Le colis sera laissé dans le parc qui est derrière l'église.

6. Tom pense que sa voisine est gentille parce qu'elle aide le vieux monsieur qui habite de l'autre côté de la rue.

Testez-vous !

p. 57

1. incorrecte

2. incorrecte

3. correcte

4. correcte

p. 59

1. wasn't burnt

2. has been forgotten

3. was written → Avec les verbes irréguliers, ne pas confondre la forme du *preterit* et celle du participe passé.

4. was shot

Gagnez des points !

Le verbe *shoot* signifie également tirer un coup de feu.

p. 61

1. who

2. that

3. Ø

4. where → Avec *went to*, la bonne réponse aurait été Ø. *The museum Ø we went to…*

5. that

p. 63

1. incorrecte

2. correcte

3. correcte

4. correcte

5. incorrecte → *Mark trains everyday* ***to*** *stay fit*, est la bonne réponse. Ne pas calquer sur le français. « Pour » et « Dans le but de faire… » se traduisent par ***to*** **+ base verbale**.

Piège à éviter

Ne pas calquer sur le français « Quand j'aurais cette maison ». En anglais, la partie en *when* est au présent : *When I have this house…*

L'astuce du prof

Structure identique au français : si j'ai ce nouveau job (présent), je changerai de maison (futur).

Vérification des connaissances

1

1. Doesn't want → Une seule marque de conjugaison, en priorité sur l'auxiliaire.

2. Did … play

3. took

4. who → ... *who is brilliant at math,* n'est pas obligatoire mais permet d'ajouter des informations sans multiplier les phrases.

5. whose

6. is lost

7. that

L'astuce du prof

Vous voulez savoir qui a fait l'action ? Faites une affirmation avec *who* comme sujet : *Bob took my car yesterday.* → *Who took my car yesterday?*

Rappel

Dans le discours indirect, quand plusieurs paroles ou pensées sont rapportées, *that* est obligatoire.

Exercices d'entraînement

2

1. The American President does not live 10 Downing Street. → C'est le Premier ministre anglais qui habite au 10 Downing Street.

2. James Bond was not created by Arthur Conan Doyle. → James Bond a été créé par Ian Fleming.

3. Agatha Christie didn't invent Sherlock Holmes. → Sherlock Holmes a été créé par Conan Doyle.

4. The next Olympic Games will not be in Paris. → Les J. O. de 2012 seront à Londres.

5. There are not 52 states in the USA.

6. Mr Sony has not discovered electricity.

3

1. Who did Agatha Christie invent? → Quand l'auxiliaire est présent, c'est lui qui porte la conjugaison.

2. When are Tom and Maggie taking the train? → Ordre des mots dans les questions : ***Wh...* + auxiliaire + sujet + verbe + complément?**

3. Who took the ring to Mordor?

4. Where will your agent leave the suitcase? → Changement 1e et 2e personne : *our agent* devient *your agent* dans la question.

5. How long does it take to fly from Paris to New York?

4

1. *The Lord of the rings* books were adapted on screen by Peter Jackson.

2. The *Harry Potter* series was written by J. K. Rowling.

> **Rappel**
>
> *Series* est invariable, il prend toujours un *-s*.

3. Gold was not discovered by diggers in California in 1748 but in 1848.

4. Sun rays are turned into electricity by solar panels.

5. In the future, seaweed will be used as fuel. → Sujet évident, rajouter *by us* rendrait la phrase non idiomatique. En français, « par nous » ne serait pas ajouté pour les mêmes raisons.

6. Will he be arrested (by the police)?

> **Piège à éviter**
>
> *Him* complément de la phrase active devient *he* sujet de la phrase passive.

5

> **Remarque**
> *That* est un peu familier ici car il est sujet mais tout à fait correct.

1. The boy who / that works in the garage is Zoe's boyfriend.

2. I missed the train which / that left at 6 o'clock.

3. We visited a museum where there were skeletons of dinosaurs.

4. The CD Ø / that / which I bought in London during the holidays is on the table.

5. Ashlin will be hired by the baker (who / that is) down the street. → Une relative réduite est possible ici : … *by the baker down the street.*

6

> **Gagnez des points !**
> Quand c'est possible, traduisez « on » par un passif.

1. He was hired to shoot a film.

2. The man who did this is a hero.

3. When I pass my exams, I will go on holiday in Australia.

4. The lady (who is) on the phone wants to know if we have pink and green socks. → Relative réduite : *The lady on the phone…*

5. The package will be left in the park which / that is behind the church. → Relative réduite : … *the park behind the church.*

6. Tom thinks Ø / that his neighbour is nice because she helps the old man (who / that lives) on the other side of the street. → Relative réduite : ... *the old man on the other side of the street.*

CHAPITRE

5 Parler au présent

1 *Be* et *have*

1 *Be*

- *Be* est un verbe d'état et un auxiliaire, il peut être suivi d'adjectifs, d'un groupe adjectival, d'un groupe nominal ou d'un complément de lieu.

  Sorry, I am late. Désolé, je suis en retard.
  She is in London. Elle est à Londres.

- Dans les descriptions, *be* sert à décrire tout ce qui se mesure comme l'âge, la taille, le poids ou la corpulence, la force, etc.

  Jenny is 15, she is tall and extremely clever. Jenny a 15 ans, elle est grande et extrêmement intelligente.

- *Be* sert également à fabriquer différents temps comme le présent *be* + *V-ing*, le *preterit be* + *V-ing* ou encore le passif.

  I was having a bath when you rang. Je prenais un bain quand tu as appelé.
  He is worshipped by his fans. Il est adulé par ses fans.

2 *Have*

- *Have* exprime la possession, il peut s'utiliser de deux manières :
  - comme un auxiliaire lorsqu'il se construit avec *got*.

    Have you got change? Avez-vous de la monnaie ?
  - comme un verbe. Il se construit alors seul dans les affirmations, avec l'auxiliaire *do* dans les négations et les questions.

    Do you have change? Avez-vous de la monnaie ?

- Dans les descriptions, *have* décrit les traits physiques (yeux, cheveux, etc.).

  Sam has (got) black hair and brown eyes. Sam a les cheveux noirs et les yeux marrons.

- Tout comme *be, have* sert aussi à la formation de différents temps. Conjugué au présent, c'est l'auxiliaire du *present perfect* et conjugué au *preterit*, c'est celui du *pluperfect*.

  I haven't seen her in months. Je ne l'ai pas vue depuis des mois.
  I hadn't thought of that! Je n'avais pas pensé à ça !

3 Tableau des conjugaisons de *be* et *have* au présent

Pronoms personnels sujets	*Be*		*Have*	
	Forme pleine	**Forme contractée**	**Forme pleine**	**Forme contractée**
I	*am*	*'m*	*have (got)*	*'ve (got)*
You	*are*	*'re*		
He	*is*	*'s*	*has (got)*	*'s got*
She				
It				
We	*are*	*'re*	*have (got)*	*'ve (got)*
You				
They				

Got est obligatoire à la 3e personne du singulier avec la forme contractée pour éviter la confusion avec *'s* de *is*.

4 Les deux constructions de *have*

	have got	*have*	Traduction
Affirmation	*Mike has got long hair.*	*Mike has long hair.*	Mike a les cheveux longs.
Négation	*He has not got blue eyes.*	*He does not have blue eyes.*	Il n'a pas les yeux bleus.
Question	*Has he got freckles?*	*Does he have freckles?*	A-t-il des taches de rousseur ?

Testez-vous !

Ces phrases sont-elles correctes ou incorrectes ?

1. John has got 12.
☒ correcte ☒ incorrecte

2. Laura and Lucy haven't green eyes!
☒ correcte ☒ incorrecte

3. Leila is 16 and her brothers are 12.
☒ correcte ☐ incorrecte

4. Sorry I don't have got money.
☐ correcte ☒ incorrecte

5. Tom has a mustang and his parents have a viper.
☒ correcte ☐ incorrecte

→ Réponses p. 82

2 Présent simple, impératif et présent *be + V-ing*

1 Le présent simple

- Le présent simple s'emploie pour parler des habitudes, des goûts, des vérités générales.

Liz and Chris play tennis every Friday.
Liz et Chris jouent au tennis tous les vendredis.

- Sa seule marque de conjugaison est un *s* ajouté à la fin du verbe ou de l'auxiliaire à la 3e personne du singulier.

Quand un groupe verbal contient un auxiliaire et un verbe, seul l'auxiliaire est conjugué.

Liz also plays on Tuesdays. Liz joue aussi les mardis.

- Avec la troisième personne du singulier, les verbes terminés par *-c*, *-o*, *-s* et *-sh* forment leur conjugaison en *-es* pour faciliter la prononciation.

Every morning, she goes to the bathroom, dresses herself and brushes her hair.
Tous les matins, elle va dans la salle de bain, s'habille et se brosse les cheveux.

- L'auxiliaire du présent simple est *do* (*does* à la 3e personne du singulier), il sert à former les négations et les questions.

Does she play at weekends? Joue-t-elle les week-ends ?
No, she doesn't play at weekends. Non, elle ne joue pas les week-ends.

2 L'impératif

- L'impératif s'emploie pour donner un ordre.
  - La forme affirmative se forme avec la base verbale seule.

    Simon says run ! Jacadi cours !
  - La forme négative se forme avec : ***Don't*** **+ base verbale** (même avec *be*).

    Simon says don't move. Jacadi ne bougez pas.
- Pour renforcer l'ordre, on peut lui ajouter le tag *will you*.

Tidy up this mess, will you? Range ce bazar, veux-tu ?

3 Le présent *be + V-ing*

- Le présent *be* + *V-ing* se construit avec l'**auxiliaire *be* conjugué au présent + un verbe à la forme *-ing*.**

She is learning her lesson. Elle apprend sa leçon.

- Le présent *be* + *V-ing* a trois valeurs : parler d'une action en train de se dérouler, se justifier et parler du futur proche.

Stop this racket! Dad is working. Arrête ce boucan ! Papa travaille. → Il est en train de travailler.
I can't come, I'm revising for my exam. Je ne peux pas venir, je révise mon examen. → Justification.
The train is leaving in five minutes! Le train part dans cinq minutes ! → Futur proche.

4 Les formes du présent

- Le présent simple

	Formes	Exemples
Affirmation	Sujet + verbe + complément	*She plays tennis everyday.* Elle joue au tennis tous les jours.
Négation	Sujet + *do/does* + *not* + base verbale + complément	*They don't open on Fridays.* Ils n'ouvrent pas le vendredi.
Question	(*Wh-*) + *do/does* + sujet + base verbale + (complément)?	*What time do you want to leave?* À quelle heure veux-tu partir ?

- Le présent *be* + *V-ing*

	Formes	Exemples
Affirmation	Sujet + *am/is/are* + *V-ing* + complément	*She is trying her wedding dress.* Elle est en train d'essayer sa robe de mariée.
Négation	Sujet + *am/is/are* + *not* + *V-ing* + complément	*Careful! I am not joking!* Fais attention ! Je ne plaisante pas !
Question	(*Wh-*) + *am/is/are* + sujet + *V-ing* + (complément)?	*What are they doing in the garage?* Que sont-ils en train de faire dans le garage ?

Testez-vous !

Cochez la bonne réponse.

1. I can come, no problem, I … anything tonight.
☐ don't do ☐ am not doing

2. Tom … football on Tuesdays and Thursdays.
☐ plays ☐ is playing

3. This plane … at four and that one … at six. Which one do you prefer?
☐ takes of ☐ is taking of

4. Come on! … shy.
☐ Don't be ☐ Are not

5. Look! It … .
☐ rains ☐ is raining

→ Réponses p. 82

Décrire, parler du présent

LES RÉFLEXES À AVOIR

- Pour parler des habitudes, utilisez le présent simple.
  Every morning, Harry Potter takes his breakfast in the great hall.
  Chaque matin, Harry Potter prend son petit déjeuner dans le grand hall.

- Pour parler d'une action en cours ou vous justifier, utilisez le présent *be + V-ing*.
  Look! Harry is catching the Snitch! Regarde ! Harry est en train d'attraper le vif d'or !

LES PIÈGES À ÉVITER

- L'expression de l'âge : même si on dit « Il **a** 10 ans. », l'âge se mesure → il s'exprime donc avec *be* : *He* ***is*** *ten (years old)*.

- Ne pas traduire mot à mot « Il **mesure** 1 m 70. » Le poids et la taille se mesurent → ils fonctionnent donc avec *be* : *He* ***is*** 1 m 70.

- Au présent simple à la 3e personne du singulier, quand l'auxiliaire *does* est présent dans la phrase, ne pas remettre le *s* au verbe.
  Does *he* ***play*** *Quidditch?* Joue-t-il au Quidditch ?

- Le présent *be + V-ing* peut s'employer avec les adverbes de fréquence (*always, often*, etc.) qui indiquent pourtant une habitude. Cela a pour effet de renforcer le propos.
  He is always annoying me. Il est sans cesse en train de m'embêter. → renforcement par rapport à : *He always annoys me.* Il m'embête tout le temps.

DU FRANÇAIS À L'ANGLAIS

- À cause de sa valeur d'action en cours, le présent *be + V-ing* s'emploie assez peu avec les verbes d'état, de goût ou d'opinion (de même qu'être en train de vouloir ou d'aimer en français). Lorsque cela arrive, c'est toujours pour donner un sens particulier.
  Why are you being so dense? Pourquoi es-tu aussi borné ? → Pourquoi refuses-tu de comprendre ?
  He is being stupid. Il fait exprès de ne pas comprendre.
  I am not knowing you! Je ne te connais pas ! → Je n'ai rien à voir avec toi, je refuse de te parler.

EXEMPLE

Expliquer, justifier, se mettre d'accord

- Hey Tara, I am organising a party for my birthday next Friday evening. Can you come?

- No problem, but my friend Zack is staying at my place on Friday, can he come?

- It depends, how does he look? How old is he? Does he have a girlfriend?

- He doesn't have a girlfriend. He is tall. He has got green eyes and black hair and he is 19 and he plays the guitar.

- Exactly my type of boy. Bring him then!

- Don't shout but we can't stay late because we are playing with our band on Saturday in a Canterbury pub and we are leaving early in the morning.

- Don't be a killjoy!

- I know but it always takes hours to get out of London on Saturdays, the roads are packed.

- OK, OK, see you on Friday then. Bye.

- Présent simple : il s'emploie pour les habitudes et les vérités générales.

Affirmation : *He plays the guitar.* (Il joue de la guitare.) → Vérité générale. La 3e personne du singulier est marquée par le *s* à la fin de *plays*.
But it always takes hours to get out of London. → Fait habituel : il faut toujours des heures pour quitter Londres le samedi.

Négation : *He doesn't have a girlfriend.* (Il n'a pas de petite amie.) → Vérité générale. Seul l'auxiliaire *does* porte la 3e personne du singulier, *have* reste à la base verbale. On aurait aussi pu dire : *He hasn't got a girlfriend.*

Questions : *Does he have a girlfriend?* (A-t-il une petite amie ?) → Question sur une vérité générale. Seul *does* porte le *s* de la 3e personne du singulier, *have* reste à la base verbale. On aurait pu dire : *Has he got a girlfriend?*

- Présent *be + V-ing*.

I am organising a party. (Je suis en train d'organiser une fête.) → Action en cours.
We are playing with our band on Saturday (Nous jouons avec notre groupe samedi) et *we are leaving early in the morning* (Nous partons tôt le matin) → La personne se justifie de devoir quitter la fête tôt et parle du futur proche (samedi).
My friend Zack is staying at my place on Friday. (Mon ami Zack reste chez moi vendredi.) → Futur proche.

Vérification des connaissances

1 Cochez les bonnes réponses.

1. The orchestra … on Mondays and Wednesdays.

☐ rehearse ☐ rehearses ☐ is rehearsing ☐ are rehearsing

2. Hurry up! The bus …!

☐ leaves ☐ leaving ☐ is leaving ☐ is leave

3. My sister … rap music.

☐ isn't liking ☐ don't likes ☐ doesn't likes ☐ doesn't like

4. My mother … the best chocolate cookies in the world.

☐ is making ☐ make ☐ makes ☐ is make

5. …! They are listening to us!

☐ Shout ☐ Don't shout ☐ Shouting ☐ Don't shouting

6. The twins … 16 years old.

☐ is ☐ are has got ☐ have got

7. Sean often … to school, except when it rains.

☐ walking ☐ is walking ☐ walk ☐ walks

8. "Bob! Sarah on the phone!" "… her to wait, I am in my bath!"

☐ Don't tell ☐ Tell ☐ Don't telling ☐ Telling

Exercices d'entraînement

2 Complétez ces phrases avec *be* ou *have (got)* correctement conjugué.

1. I … 24 next month.

2. Chris … blue eyes and brown hair.

3. He … very strong.

4. They … not old, they … only 43!

5. Her brothers … freckles.

3 Complétez ces phrases en mettant les verbes entre parenthèses au présent simple.

1. Tim and Bob … (swim) three times a week.

2. Sarah … (not live) in Glasgow anymore.

3. Where … he … (want) to go for the weekend?

4. Wilbur … (not like) strawberries, he is allergic.

5. … Jonah … (play) the guitar well?

6. Suzy … (have) long blond hair.

4 Complétez en mettant les verbes entre parenthèses au présent *be* + *V-ing*.

1. Where … you … (go)?

2. I … (go) to the swimming-pool.

3. "Finished?" "No, I … (put) the final touch!"

4. She … (not come) to the party, she's busy.

5. "What … you … (do)?"

6. " It's a surprise, we … (not tell) you anything!"

5 Complétez en mettant les verbes entre parenthèses au présent qui convient.

1. "Tom, what … (you do) in your bedroom?" "I … (do) my homework."

2. "No, he … (not do) his homework mum, he … (play) videogames!"

3. John generally … (leave) work at 7 pm, he … (not get) home before 8.

4. Look! It … (snow)! It never … (snow) this time of the year!

5. "You always … (pack) at the last minute. Hurry up, the plane …(take off) in 2 hours!"

6 Reformulez ces phrases sous forme d'ordres à l'impératif.

1. Can you speak louder please?

2. You can't say that.

3. You should not be so severe.

4. Can you take your books please?

5. Can you turn down the music please?

7 Traduisez les phrases suivantes.

1. Steve a 18 ans, il adore le rugby mais il n'aime pas le football.

2. Éteins la télé ! Je travaille !

3. « Tu viens ce soir ? » « Non, je mange au restaurant avec mes parents. »

4. Sam ne vient pas ce soir, il va toujours au restaurant avec ses parents le vendredi.

5. Arrête ! Tu fais l'imbécile et je déteste ça !

6. Tu ne quitteras pas la table ! Finis ton assiette.

Testez-vous !

p. 75

1. incorrecte → L'âge se forme avec *be*.

2. incorrecte

3. correcte → Dans les descriptions, pour tout ce qui se mesure, utilisez *be*.

4. incorrecte

5. correcte

> **L'astuce du prof**
> *Have* n'est jamais seul dans les négations et les questions, utilisez *haven't got* ou *don't have*.

p. 77

1. am not doing → La personne se justifie (elle explique pourquoi elle peut venir) : présent *be + V-ing*.

2. plays → On parle des habitudes de Tom : présent simple.

3. takes off

4. Don't be

5. is raining

> **Rappel**
> On parle des horaires habituels des avions : présent simple.

Vérification des connaissances

1

1. rehearse

2. is leaving → Ici, le présent *be + V-ing* a deux valeurs : action en cours car le bus est en train de partir et justification car la personne explique pourquoi il faut se dépêcher.

3. doesn't like

4. makes

5. Don't shout

6. are

7. walks

8. Tell

> **L'astuce du prof**
> Un orchestre est composé de plusieurs musiciens, *orchestra* est considéré comme pluriel.

> **L'astuce du prof**
> Avec les adverbes de fréquence (qui parlent des habitudes), utilisez le présent simple.

Exercices d'entraînement

2

1. I **am** 24 next month.

2. Chris **has** (ou **has got**) blue eyes and brown hair.

3. He **is** very strong.

4. They **are** not old, they **are** only 43.

5. Her brothers **have** (ou **have got**) freckles.

L'astuce du prof

Les phrases 1, 3 et 4 décrivent des éléments mesurables (âge et force) et se construisent avec *be*.

3

1. swim

2. does not live *ou* doesn't live → Dans les négations, seul l'auxiliaire se conjugue.

3. Does he want

4. does not like *ou* doesn't like

5. Does Jonah play → Dans les questions, seul l'auxiliaire se conjugue.

6. has *ou* has got → Quand *have* est un verbe, il est seul et se conjugue, quand il est accompagné de *got*, il est auxiliaire et se conjugue aussi.

4

1. Where **are** you **going**?

2. I **am going to** the swimming-pool.

3. "Finished?" "No, I **am putting** the final touch!"

4. She **is not coming** to the party, she's busy.

5. "What **are** you **doing**?"

6. "It's a surprise, we **are not telling** you anything!"

Piège à éviter

Avec les verbes finissant par une voyelle + consonne, la consonne est doublée à l'ajout du *-ing*.

5

1. "Tom, what **are** you **doing** in your bedroom?" "I **am doing** my homework."

→ Cette phrase décrit une action en cours : présent *be + V-ing*.

2. "No, he **is not doing** his homework mum, he **is playing** videogames!"

→ Une action en cours : présent *be + V-ing*.

3. John generally **leaves** work at 7 pm, he **does not get** home before 8.

→ Cette phrase décrit une habitude : présent simple.

4. Look! It **is snowing.** It never **snows** this time of the year!

→ Mélange des deux temps :
– *It is snowing* : « il neige en ce moment » est une action en cours.
– *It never snows…* : « il ne neige jamais à cette période de l'année » est une vérité générale / une habitude.

5. "You always **pack** at the last minute. Hurry up, the plane **is taking off** in 2 hours!"

→ Mélange des deux temps :
– *You always pack…* → habitude.
– *The plane is taking off* → futur proche et justification, insiste sur le besoin de se dépêcher.

6

1. Speak louder.
2. Don't say that.
3. Don't be so severe.
4. Take your books.
5. Turn down the music.

Rappel
L'impératif se forme avec *Don't* + base verbale, même avec *be*.

7

1. Steve is 18, he loves rugby but he does not like football.

2. Turn off the TV! I am working! → Valeur d'action en cours.

3. "Are you coming tonight ?" "No, I am eating at the restaurant with my parents." → Futur proche dans la question. Justification dans la réponse.

4. Sam is not coming tonight, he always goes to the restaurant with his parents on Fridays.

5. Stop! You are being stupid and I hate that!

6. You are not leaving the table! Finish your plate!

Piège à éviter

Utilisez le verbe d'état *be* pour traduire faire l'imbécile.

CHAPITRE

6 Parler du passé et de ses expériences

1 Les deux *preterit*

• Il existe deux *preterit* : le *preterit* simple et le *preterit be + V-ing*.

• Les deux *preterit* s'utilisent pour parler d'un évènement daté, passé et terminé.

Dès que vous datez une action passée, le *preterit* est obligatoire.

1 Le *preterit* simple

• Il s'utilise pour une action déjà terminée ou une action principale.

I walked to the library yesterday. Je suis allé à la bibliothèque à pieds hier.

• Pour conjuguer un verbe au *preterit* simple, il suffit d'ajouter *-ed* à sa base verbale. Il existe aussi des verbes irréguliers qui se transforment différemment.

I went to the library yesterday. Je suis allé à la bibliothèque hier.

• Les négations et les questions au *preterit* simple se forment avec l'auxiliaire *did* (auxiliaire *do* conjugué au *preterit*) et du verbe à la base verbale.

She did not go to the concert. Elle n'est pas allée au concert.
What did you buy? Qu'as-tu acheté ?

On ne conjugue que l'auxiliaire *did* dans les négations et les questions.

2 Le preterit *be + V-ing*

• Il s'utilise pour une action qui était en cours à un moment du passé. Il sert également à se justifier et à donner des informations sur le contexte d'un événement.

I was going back home. Je rentrais à la maison. / J'étais en train de rentrer à la maison.

• Il se construit à partir de l'auxiliaire *be* conjugué au *preterit* suivi d'un verbe à la forme *-ing*. Dans les négations et les questions, *not* est porté par l'auxiliaire *be*.

No, she was not joking! Non, elle ne plaisantait pas !
What were you doing yesterday at 11? Que faisiez-vous hier à 11h ?

3 Les formes du *preterit*

- Le *preterit* simple

	Formes	Exemples
Affirmation	Sujet + verbe au *preterit* + complément	*She played tennis yesterday.* Elle a joué au tennis hier.
Négation	Sujet + *did* + *not* + base verbale + cplt	*They didn't watch the match.* Ils n'ont pas regardé le match.
Question	(*Wh-*) + *did* + sujet + base verbale + (cplt) + ?	*What time did you leave?* À quelle heure es-tu parti ?

Did est l'auxiliaire *do* conjugué au *preterit*.

- Le *preterit* en *be* + *V-ing*

	Formes	Exemples
Affirmation	Sujet + *was* / *were* + *V-ing* + complément	*She was trying her wedding dress.* Elle était en train d'essayer sa robe de mariée. / Elle essayait sa robe de mariée.
Négation	Sujet + *was* / *were* + *not* + *V-ing* + cplt	*They weren't working seriously.* Ils ne travaillaient pas sérieusement.
Question	(*Wh-*) + *was* / *were* + sujet + *V-ing* + (cplt) + ?	*What were they doing in the garage?* Qu'étaient-ils en train de faire dans le garage ? / Que faisaient-ils dans le garage ?

Was et *Were* sont les formes de l'auxiliaire *be* conjugué au *preterit*.

Testez-vous !

Ces phrases sont-elles correctes ou incorrectes ?

1. Tom was walk to school at 10.
☐ correcte ☐ incorrecte

2. What time did he went?
☐ correcte ☐ incorrecte

3. She didn't buy anything.
☐ correcte ☐ incorrecte

4. I working from 6 to 8.
☐ correcte ☐ incorrecte

5. Yesterday? They were watching TV!
☐ correcte ☐ incorrecte

→ **Réponses p. 100**

2 Le *present perfect* simple et le *present perfect be + V-ing*

- Les *present perfect* parlent d'actions commencées dans le passé mais qui ne sont pas terminées quand on les raconte.

> Le *present perfect* est incompatible avec les dates.

I have always lived here. J'ai toujours habité ici.

- Ils parlent aussi d'actions commencées dans le passé et terminées, mais ayant un lien avec le présent.

1 Valeur et emploi du *present perfect* simple

- Le *present perfect* simple fait le lien avec le résultat, les conséquences de l'action.

I have always lived in Miami, I know it well. Je connais Miami, j'y ai toujours habité. → Résultat : il connaît bien la ville.

- Le *present perfect* se construit : **auxiliaire *have* au présent + verbe au participe passé.**

He has seen the Statue of Liberty. Il a vu la statue de la Liberté. → Résultat : il peut en parler.

- Seul *have* est conjugué, c'est aussi lui qui porte le *not* de la négation.

I haven't seen him. Je ne l'ai pas vu.

- Avec les adverbes *ever, never, already* ou *not yet*, il indique une action vraie « jusqu'à maintenant ».

She hasn't finished yet. Elle n'a pas encore fini.

- Avec l'adverbe *just*, il indique une action qui vient juste de se passer.

I have just phoned her. Je viens de l'appeler.

2 Valeur et emploi du present *perfect be + V-ing*

- Le *present perfect be + V-ing* fait le lien avec la durée de l'action ou la justification.

I'm exhausted, I have been jogging for two hours. Je suis épuisé, j'ai fait deux heures de jogging.
→ Insistance sur la durée et justification du fait que la personne soit épuisée.

- Il se construit : **auxiliaire *have* au présent + *be* au participe passé + *V-ing*.**

I have been working on this for hours. Je travaille là-dessus depuis des heures. → Insiste sur la durée, pas sur le résultat : je n'ai pas fini.

- Seul *have* est conjugué, c'est lui qui porte le *not* de la négation.

He hasn't been doing this for nothing! Il n'a pas fait ça pour rien !

3 Les formes du *present perfect*

● Le *present perfect* simple

	Formes	Exemples
Affirmation	Sujet + *have / has* + participe passé + complément	*She has played tennis for 10 years.* Elle joue au tennis depuis 10 ans. → Action commencée dans le passé et qui continue dans le présent.
Négation	Sujet + *have / has + not* + participe passé + cplt	*They haven't seen the match.* Ils n'ont pas vu le match. → Résultat : il ne connaissent pas le résultat, ils ne peuvent pas en parler.
Question	(*Wh-*) + *have / has* + sujet + participe passé + (cplt) ?	*Have you been to Australia?* Es-tu allé en Australie ? → Pourrais-tu m'en parler ?

● Le *present perfect* en *be* + *V-ing*

	Formes	Exemples
Affirmation	Sujet + *have / has* + *been* + *V-ing* + cplt	*She has been trying hundreds of dresses.* Elle a essayé des centaines de robes. → Ça a pris du temps mais pas de résultat : elle n'a toujours pas trouvé la bonne.
Négation	Sujet + *have / has* + *not* + *been* + *V-ing* + cplt	*They failed because they haven't been working seriously.* Ils ont échoué parce qu'ils n'ont pas travaillé sérieusement. → Justification de leur échec.
Question	(*Wh-*) + *have / has* + sujet + *been* + *V-ing* + (cplt) ?	*What have you been doing all this time?* Qu'as-tu fait tout ce temps ? → Depuis tout le temps qu'on ne s'est pas vus, insiste sur la longueur de la séparation.

Testez-vous !

Cochez la bonne réponse.

1. Lucy … to New York in 2002.
☐ has gone ☐ have gone ☐ went

2. She… the Empire State Building.
☐ have seen ☐ has seen ☐ has saw

3. "You look tired." "Yes, I … late."
☐ have worked
☐ have been working ☐ worked

4. I … in London since 1976.
☐ lived ☐ have live ☐ have lived

5. I'm fed up! I … here for 20 years!
☐ have been living ☐ have lived
☐ lived

→ Réponses p. 100

3 Le *pluperfect* simple et le *pluperfect be + V-ing*

• Les *pluperfect* servent à remonter plus loin dans le passé et correspondent au plus-que-parfait français en indiquant qu'une action passée a eu lieu avant une autre action passée.

*I tried to open but **I had left** my keys inside.* J'ai essayé d'ouvrir mais j'**avais laissé** mes clés à l'intérieur.

→ L'oubli des clés a eu lieu avant la tentative d'ouverture.

• Ils ont les mêmes valeurs que les *presents perfects* mais ils font le lien, non pas entre passé et présent mais entre deux événements passés.

1 Valeur et emploi du *pluperfect* simple

• Le *pluperfect* simple insiste sur le résultat d'une action passée.

I couldn't get in, I had forgotten my keys. Je ne pouvais pas entrer, j'avais oublié mes clés.

→ Résultat de l'oubli des clés : j'étais enfermé dehors.

• Il se construit : **auxiliaire *have* au *preterit* + verbe au participe passé.**

Luckily, he had taken his coat! Il avait pris son manteau, un coup de chance !

• Seul *have* est conjugué, il reste *had* à toutes les personnes, c'est aussi lui qui porte le *not* de la négation.

I had not met him before. Je ne l'avais jamais rencontré auparavant.

2 Valeur et emploi du *pluperfect be + V-ing*

• Le *pluperfect be + V-ing* insiste sur la durée d'une action passée et la justification.

I was exhausted, I had been jogging for two hours. J'étais épuisé, j'avais fait deux heures de jogging.

→ Insistance sur la durée et justification du fait que la personne était épuisée.

• Il se construit : **auxiliaire *have* au *preterit* + *be* au participe passé + *V-ing*.**

I had been working on this for hours. J'avais travaillé là-dessus depuis des heures.

→ Insiste sur la durée, pas sur le résultat : je n'avais pas fini.

• Seul *have* est conjugué, il reste *had* à toutes les personnes, c'est aussi lui qui porte le *not* de la négation.

He hadn't been doing this for nothing! Il n'avait pas fait ça pour rien !

3 Les formes du *pluperfect*

> *Had* est l'auxiliaire *have* conjugué au *preterit*.

- Le *pluperfect* simple

	Formes	Exemples
Affirmation	Sujet + *had* + participe passé + complément	*She had played tennis for 10 years before she stopped.* Elle avait joué au tennis depuis 10 ans avant d'arrêter.
Négation	Sujet + *had* + *not* + participe passé + complément	*They hadn't seen the other car when they hit.* Ils n'avaient pas vu l'autre voiture quand ils se sont heurtés.
Question	(*Wh-*) + *had* + sujet + participe passé + (complément) ?	*Had you seen her before the accident?* L'aviez-vous vu avant l'accident ?

- Le *pluperfect be + V-ing*

	Formes	Exemples
Affirmation	Sujet + *had* + *been* + *V-ing* + complément	*She had been trying hundreds of dresses before she found the one.* Elle avait essayé des centaines de robe avant de trouver la bonne.
Négation	Sujet + *had* + *not* + *been* + *V-ing* + complément	*They failed because they hadn't been working seriously.* Ils ont échoué parce qu'ils n'avaient pas travaillé sérieusement.
Question	(*Wh-*) + *had* + sujet + *been* + *V-ing* + (complément)?	*How long had you been waiting when I arrived?* Tu avais attendu pendant combien de temps quand je suis arrivé ?

Testez-vous !

Cochez la bonne réponse.

1. I … for two hours when the bus arrived.
☐ had waited ☐ had been waiting

2. When he received the award, he … university.
☐ hadn't finished ☐ hadn't been finishing

3. "He was wonderful!" "… him before?"
☐ Had you met
☐ Had you been meeting

4. He … a lot of thinking before the solution came.
☐ had done ☐ had been doing

5. I … of that!
☐ hadn't thought
☐ hadn't been thinking

→ Réponses p. 100

Bien utiliser les deux *preterit*

LES RÉFLEXES À AVOIR

Type d'action	Temps à utiliser	Exemples
Action terminée à un moment du passé	*preterit* simple	*I went to the market.* Je suis allé au marché.
		I met Jane. J'ai rencontré Jane.
Action en cours à un moment du passé	*preterit be + V-ing*	*I was going to the market when I met Jane.* J'allais au marché quand j'ai rencontré Jane.

LES PIÈGES À ÉVITER

- N'oubliez pas que les actions au *preterit be + V-ing* sont terminées au moment où on parle mais étaient en cours au moment de l'histoire.
  Yesterday, I was going to the market when I met Jane. Hier, j'allais au marché quand j'ai rencontré Jane. → Quand je raconte, l'action « aller au marché » est terminée mais elle était en cours quand j'ai rencontré Jane.

LES ASTUCES DU PROF

- Pour choisir le bon *preterit*, reformulez l'action avec « en train de ». Si le sens reste inchangé, l'action sera conjuguée au *preterit be + V-ing*. Si la transformation ne fonctionne pas, c'est le *preterit* simple qu'il faut utiliser.
  Hier, j'étais en train d'aller au marché quand j'ai rencontré Jane. → sens inchangé, l'action « aller au marché » se traduira donc avec le *preterit be + V-ing*.
  Hier, j'allais au marché quand j'étais en train de rencontrer Jane. → cette version n'a pas de sens, l'action « rencontrer Jane » se formera donc avec le *preterit* simple.

DU FRANÇAIS À L'ANGLAIS

Temps français	Temps équivalent en anglais	Exemples
passé composé	***preterit* simple**	*It started to rain.* { Il a commencé / il commença } à pleuvoir.
passé simple	***preterit* simple**	
imparfait	***preterit be + V-ing*** quand l'imparfait décrit l'environnement ou le contexte	*I was playing rugby when it started to rain.* Je jouais au rugby quand il commença à pleuvoir.
	***preterit* simple** quand l'imparfait parle d'une habitude passée	*Before, I played rugby everyday.* Avant, je jouais au rugby tous les jours.

EXEMPLE

Enrichir le récit

The sun was setting when Forlorn reached the clearing and he decided to camp there for the night. Everything was dead quiet, no birds were singing. The light was fading and the sun was casting long shadows on the ground. First, Forlorn needed to build a fire. He was picking up branches when he heard a rustle in the nearby bushes.

"Probably some rabbit." he thought.

He went back to the clearing and began to build his fire. The wood was dry so it did not take long to get it going. The warmth was very comforting, twenty years spent on the roads and Forlorn was beginning to feel every single one of them. He was putting up his tent when he first heard the howls.

"Wolves," he thought, "this is going to be a long night."

Le soleil était en train de se coucher quand Forlorn atteignit la clairière et il décida de camper là pour la nuit. Un silence de mort planait sur l'endroit, aucun oiseau ne chantait. La lumière diminuait et le soleil projetait de longues ombres sur le sol. Forlorn devait d'abord faire un feu. Il était en train de ramasser des branches lorsqu'il entendit un bruissement venant des buissons près de lui.

« Probablement un lapin. » pensa-t-il.

Il retourna à la clairière et commença à faire son feu. Le bois était sec, il ne lui fallut donc pas longtemps pour le faire crépiter. La chaleur était réconfortante, vingt années passées sur les routes et Forlorn commençait à sentir chacune d'entre elles dans ses os. Il était en train de monter sa tente quand il entendit les premiers hurlements.

« Des loups, » pensa-t-il, « la nuit va être longue. »

- Le *preterit be + V-ing* :

The light was beginning to fade, the sun was casting long shadows → Ces actions sont au *preterit be + V–ing*, elles sont donc en cours au moment où Forlorn a décidé de camper dans la clairière : la lumière diminuait, le soleil projetait de longues ombres sur le sol. Ces actions peuvent être supprimées mais cela priverait le lecteur de toute information sur l'ambiance.

- Le *preterit* simple :

He decided to camp, he went back to the clearing, etc. → Ces actions principales sont faites en entier par le personnage, elles sont donc au *preterit* simple. Elles peuvent difficilement être enlevées car sans elles, rien ne se passe.

- Interaction des deux *preterits* :

L'action *hear a rustle* (entendre un bruit dans les buissons) a eu lieu pendant le déroulement de l'action *he was picking up branches* (il ramassait des branches).

Et l'action *hear the howls* (entendre les hurlements) a eu lieu pendant le déroulement de l'action *Forlorn was putting up his tent* (Forlorn montait sa tente).

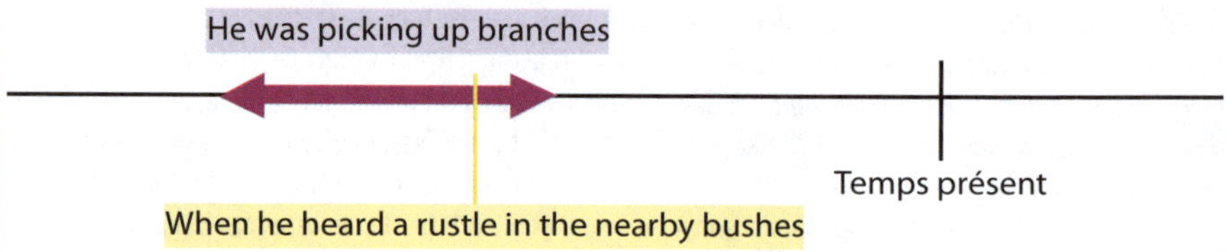

Preterit ou present perfect ?

LES RÉFLEXES À AVOIR

- Action datée, passée et terminée : utilisez le *preterit*.
  I lived here ten years ago. J'ai habité ici il y a dix ans.
- Action commencée dans le passé et continuant dans le présent : utilisez le *present perfect*.
  I have lived here for 20 years. J'habite ici depuis 20 ans.

LES PIÈGES À ÉVITER

- Le *present perfect* est impossible avec les dates. → Si une action a eu lieu en 2006, elle est terminée et se traduit par un *preterit*.
- Toute indication d'un moment passé comme *two seconds ago* (il y a deux secondes), *when I was ten* (quand j'avais dix ans) ou *at three o'clock* (à 3 heures) constitue une date et impose le *preterit*.

LES ASTUCES DU PROF

- Durée + *ago* = *preterit* : *I met her two days ago.* Je l'ai rencontrée il y a deux jours.
- *Since* + date = *present perfect* : *I haven't seen her since March.* Je ne l'ai pas vue depuis mars.
- Pendant + durée = *for* + durée et oblige à utiliser le *preterit*.
  I lived here for 20 years. J'ai habité ici pendant 20 ans. → Mais je n'y habite plus.
- Depuis + durée = *for* + durée et oblige à utiliser le *present perfect*.
  I have lived here for 20 years. J'habite ici depuis 20 ans.

DU FRANÇAIS À L'ANGLAIS

Correspondance du *present perfect*.

Temps et type d'action en français	Temps équivalent en français	Exemples
Action commencée dans le passé et continuant dans le présent	présent	*I've played golf since 2003.* Je joue au golf depuis 2003.
Action passée avec des conséquences sur le présent	passé	*I have found the treasure!* J'ai trouvé le trésor !

EXEMPLE

Reconnaître les valeurs des temps

Dear mum and dad

I have been in New Zealand for six days. On Monday at 10, Steve picked me up at the airport. We hadn't seen each other since University. We went to Lake Rotorua last Tuesday and we visited Auckland three days ago. I have already seen wonderful landscapes. I have trekked near the Fox Glacier and I have camped on the Ninety Mile beach. But best of all, I have fulfilled my dearest dream; I have swum with dolphins in the Tasman sea.

See you in ten days. Love. Deb.

- Actions commencées dans le passé continuant dans le présent : *present perfect*.

→ Deb est en Nouvelle Zélande **depuis 6 jours** = elle est arrivée **il y a 6 jours** et s'y trouve encore.

- Actions **datées**, passées et terminées : *preterit*. → Deb donne juste son emploi du temps de la semaine passée.

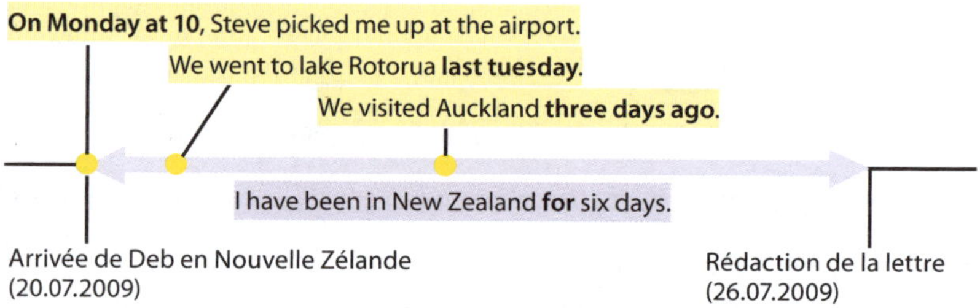

- Actions terminées mais avec un résultat dans le présent : *present perfect*.
→ Deb veut insister sur son émerveillement et sur le fait d'avoir réalisé son rêve le plus cher : nager avec les dauphins.

- Antériorité dans le passé : *pluperfect*. → Quand ils se sont retrouvés à l'aéroport, ils ne s'étaient pas revus **depuis l'université**.

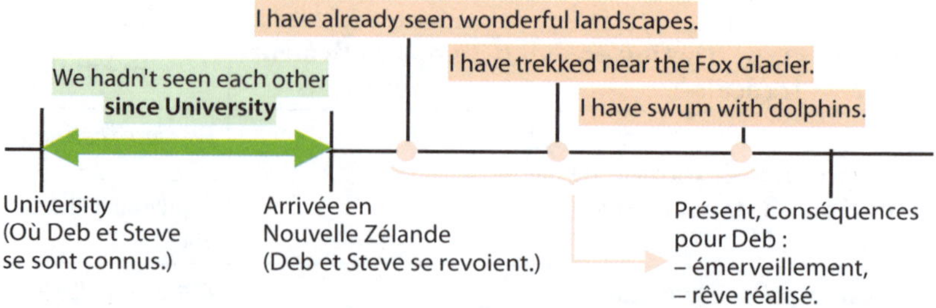

Vérification des connaissances

1 Cochez les bonnes réponses.

1. The band … on Monday.

☐ rehearsed ☐ have rehearsed ☐ have been rehearsing ☐ had rehearsed

2. I … left when my tire burst.

☐ turned ☐ was turning ☐ have turned ☐ have been turning

3. I couldn't pay, I … my wallet.

☐ forgot ☐ was forgetting ☐ have forgotten ☐ had forgotten

4. Tony Parker … very hard to join the NBA championship.

☐ trained ☐ has trained ☐ has been training ☐ had trained

5. He … non stop for two years before he took his first holiday.

☐ worked ☐ have worked ☐ had worked ☐ had been working

6. Sarah and Sean … in London since 1996.

☐ lived ☐ were living ☐ have lived ☐ had lived

7. I … it two months ago.

☐ bought ☐ was buying ☐ have bought ☐ had bought

8. He … three books before he left University.

☐ published ☐ has published ☐ has been publishing ☐ had published

Exercices d'entraînement

2 Complétez ces phrases avec le *preterit* simple.

1. What …you … (buy)?

2. "…you … (find) the treasure?"

3. "No, I … (not find) the treasure; I … (dig) ten hours for nothing!"

4. We … (drive) from Rennes to Paris, and then we … (fly) from Paris to London.

3 **Complétez ces phrases avec le *preterit be + V-ing*.**

1. … John … (play) poker with you?

2. No, he … (not play) poker, he … (work) late at the office.

3. What … you … (do) yesterday at 11?

4. We … (watch) the game on TV.

5. Oh no sorry, we … (not watch) the game, we … (play) monopoly.

4 **Complétez ces phrases avec le *present perfect* simple.**

1. … you … (see) the gangsters?

2. No, I … (not see) them.

3. Ted is a globe-trotter, he … (be) everywhere!

4. He … (visit) Europe, America and Asia but he … (not go) to Africa yet.

5 **Complétez ces phrases avec le *present perfect be + V-ing*.**

1. How long … you … (work) here?

2. I … (work) here for 15 years.

3. "Where is the library please?" "I don't know, I … (not live) here for long."

4. Susan doesn't know but Mike … (see) somebody else since the wedding.

6 **Complétez ces phrases avec le *pluperfect* simple.**

1. How long … you … (work) here?

2. I … (work) here for 15 years.

3. I didn't know where the library was, I … (not live) there long enough.

4. Susan didn't know but Mike … (see) somebody else after the wedding.

7 **Complétez le dialogue constitué par ces phrases avec le *preterit* simple ou le *preterit be + V-ing*.**

1. So, tell me Mrs White, what … (do) when the hold up … (happen)?

2. Well, I … (go) back home after my shopping and suddenly, I … (hear) gunshots from the bank.

3. … you …(panick)?

4. No, I … (not panick), I … (run) to the public phone in front of the bank and I … (call) the police.

5. I … (compose) the number when the gangsters … (come) out from the bank.

8 Complétez ces phrases avec le *preterit* simple ou le *present perfect* simple.

1. Three years ago, Tony Parker … (become) champion of the NBA with the San Antonio Spurs.

2. To reach this level, he … (train) very hard.

3. He … (discover) basketball at 8 and since this moment, he … (play) 4 or 5 hours everyday.

4. At 17, he …(go) to University in the USA and … (join) the team of his University.

5. One day a recruiter … (notice) him and since that day Tony Parker … (play) for the San Antonio Spurs.

9 Complétez ces phrases avec le *preterit* simple ou le *pluperfect* simple.

1. He …(live) in Los Angeles before he … (move) to San Francisco.

2. Then, Jason … (remember) that he … (not take) his keys.

3. At 14 Nina … (already pass) her exams!!!

4. Ed … (tell) Zack that he … (see) Pam with another man.

5. We … (not meet) since we …(be) in high school.

Testez-vous !

p. 87

1. incorrecte → *Tom **walked** to school at 10,* est la bonne réponse.

2. incorrecte → *What time did he go,* est la bonne réponse. L'auxilliaire ***did*** porte la marque du passé. Il ne faut donc pas la remettre sur le verbe ***go***.

3. correcte

4. incorrecte

5. correcte

p. 89

1. went

2. has seen

3. have been working → Ici, la personne se justifie d'avoir l'air fatigué, elle insiste sur la durée (*cf.* phrase 5).

4. have lived → Ici, la personne insiste sur le résultat : elle connaît très bien Londres, elle peut en parler.

5. have been living

p. 91

1. had been waiting

2. hadn't finished

3. Had you met → Ici, *meet* ne peut pas prendre la forme *be* + *V-ing*, soit on a déjà rencontré quelqu'un, soit non, on ne peut pas être en train de le rencontrer.

4. had done / had been doing → Les deux temps sont parfois possibles mais avec des sens légèrement différents. La forme simple insiste sur le résultat de l'action, la forme *be* + *V-ing* sur la durée.

5. hadn't thought

Remarque

Had been waiting insiste sur le temps que la personne a attendu.

Vérification des connaissances

1

1. rehearsed
2. was turning
3. had forgotten
4. has trained – has been training
5. had been working
6. have lived
7. bought
8. had published

Rappel

L'action « tourner à gauche » était en cours quand le pneu a éclaté.

Remarque

La forme simple insiste sur le résultat de l'action, la forme *be* + *V-ing* sur sa durée.

Exercices d'entraînement

2

1. What **did** you **buy**? → Quand *did* apparaît, les verbes restent à la base verbale.
2. "**Did** you **find** the treasure?"
3. "No, **I did not find** the treasure; I **dug** ten hours for nothing!"
4. We **drove** from Rennes to Paris, and then we **flew** from Paris to London.

3

1. **Was** John **playing** poker with you?
2. No, he **was not playing** poker, **he was working** late at the office → Seul *be* porte les conjugaisons du singulier et du pluriel, les verbes restent à la forme en *–ing*.
3. What **were** you **doing** yesterday at 11?
4. We **were watching** the game on TV.
5. Oh no sorry, we **were not watching** the game, we **were playing** monopoly.

4

1. **Have** you **seen** the gangsters?

2. No, I **have not seen** them.

3. Ted is a globe-trotter, he **has been** everywhere!

> **Rappel**
> Seul *have* porte les conjugaisons du singulier ou du pluriel, les verbes restent au participe passé.

4. He **has visited** Europe, America and Asia but he **has not gone** to Africa yet.

5

1. How long **have** you **been working** here?

2. I **have been working** here for 15 years.

3. "Where is the library please?" "I don't know, I **have not been living** here for long."

4. Susan doesn't know but Mike **has been seeing** somebody else since the wedding.

6

1. How long **had** you **worked** here?

2. I **had worked** here for 15 years.

3. I didn't know where the library was, I **had not lived** there long enough.

4. Susan didn't know but Mike **had seen** somebody else after the wedding.

7

1. So, tell me Mrs White, what **were** you **doing** when the hold up **happened**?

2. Well, I **was going** back home after my shopping and suddenly, I **heard** gunshots from the bank.

3. Did you panick?

4. No, I **did not panick**, I **ran** to the public phone in front of the bank and I **called** the police.

> **Piège à éviter**
> Mrs White rentrait chez elle, cette action n'était pas terminée au moment du hold-up.

5. I **was composing** the number when the gangsters **came** out from the bank.

8

1. Three years ago, Tony Parker **became** champion of the NBA with the San Antonio Spurs.

2. To reach this level, he **has trained** very hard.

3. He **discovered** basketball at 8 and since this moment, he **has played** 4 or 5 hours everyday.

4. At 17, he **went** to University in the USA and **joined** the team of his University.

5. One day a recruiter **noticed** him and since that day Tony Parker **has played** for the San Antonio Spurs.

9

1. He **had lived** in Los Angeles before he **moved** to San Francisco.

2. Then, Jason **remembered** that he **had not taken** his keys.

3. At 14, Nina **had already passed** her exams.

4. Ed **told** Zack that he **had seen** Pam with another man → Le *pluperfect* sert souvent avec le discours indirect pour la concordance des temps : Ed a vu Pam avec un autre homme avant de le raconter à Zack.

5. We **had not met** since we **were** in high school.

CHAPITRE **7** Parler du futur

1 Le futur en *will*

> *Will* est aussi un nom, il signifie la volonté, par exemple, *good will* signifie la bonne volonté.

1 Emploi et valeurs du futur en *will*

- Il sert à parler d'actions que l'on a l'intention de faire à l'avenir.
  Don't worry, I will help you. Ne t'inquiète pas, je t'aiderai. → Je veux t'apporter mon aide.
- Il sert aussi à parler de prédictions, de choses que l'on considère comme certaines. *You will see, one day I will be rich.* Tu verras, un jour je serai riche.
- *Will* est un auxiliaire modal, il est invariable et est suivi d'une base verbale. Le futur en *will* du verbe *go* sera *will go* à toutes les personnes. Sa forme contractée sera *'ll go*. *I will go my way and you'll go yours.* J'irai de mon côté et tu iras du tiens.
- La négation se forme : ***will* + not + base verbale** ou ***won't* + base verbale** à la forme contractée. *They will not / won't marry!* Ils ne se marieront pas !
- Les questions au futur en *will* se forment : **(*Wh*-) + *will* + sujet + base verbale + (complément) + ?** *Where will you go?* Où iras-tu ?
- Le futur en *will* a une forme en *be* + *V-ing*, elle se construit : **sujet + *will* + *be*** (à la base verbale) **+ *V-ing* + complément**.
  In two days, I will be drinking a cocktail on the beach. Dans deux jours, je serai en train de boire un cocktail sur la plage.
- La forme en *will be* + *V-ing* s'emploie pour parler d'une action qui sera en train de se passer à un moment à venir.
  In two hours I will be watching the match. Dans deux heures je serai en train de regarder le match.

2 Le futur dans le passé en *would*

- Le futur dans le passé sert pour la concordance des temps, lorsqu'une action passée est plus récente qu'une autre. On utilise *will* au *preterit* : *would*.
  I didn't think they would leave. Je ne pensais pas qu'ils partiraient.
- L'auxiliaire *would* sert aussi à former le conditionnel. Hormis la conjugaison, la structure est identique à celle du futur.
  I would love to go with you. J'adorerais aller avec toi.
  I wouldn't like to be in his place. Je n'aimerais pas être à sa place.
  Would you like that? Ça te plairait ?

3 Les formes du futur en *will*

- Le futur en *will*

	Constructions	Exemples
Affirmation	Sujet + *will* + base verbale + cplt	*They will leave soon.* Ils partiront bientôt.
Négation	Sujet + *will* + *not* + base verbale + cplt	*They will not / won't stay here.* Ils ne resteront pas ici.
Question	(*Wh-*) + *will* + sujet + base verbale + (cplt) + ?	*Where will they go?* Où iront-ils ?

- Le futur *will be* + *V-ing*

	Constructions	Exemples
Affirmation	Sujet + *will* + *be* + *V-ing* + complément	*In two hours, She will be trying her wedding dress.* Dans une heure, elle sera en train d'essayer sa robe.
Négation	Sujet + *will* + *not* + *be* + *V-ing* + cplt	*On Saturday, we will not / won't be working.* Samedi nous ne serons pas en train de travailler.
Question	(*Wh-*) + *will* + sujet + *be* + *V-ing* + (cplt)?	*What will you be doing at that time?* Que seras-tu en train de faire à cette heure ?

Testez-vous !

Laquelle de ces propositions est correcte ?

1. ☐ He willn't need his boots.
☐ He won't need his boots.

2. ☐ What time you will leave?
☐ What time will you leave?

3. ☐ She will have twins.
☐ She will has twins.

4. ☐ From 6 to 8, Sam will be working.
☐ From 6 to 8, Sam will working.

5. ☐ Tomorrow morning? Tom and I will be sleeping!
☐ Tomorrow morning? Tom and I will be sleep!

→ Réponses p. 112

2 Le futur en *be going to*

1 Emplois et valeurs du futur en *be going to*

• Le futur en *be going to* sert à faire des prédictions logiques sur l'évolution d'une situation présente. Il sert aussi à parler d'actions que l'on va logiquement faire en réaction à une situation.

Look at the sky, it's going to rain!
Regarde le ciel, il va pleuvoir !

Deb hates Zack, she is not going to make any effort.
Deb déteste Zack, elle ne va faire aucun effort.

> Des impératifs comme *look* ou *listen* indiquent que l'on part du présent pour déduire ce qui va se passer ensuite ; le futur en *be going to* est donc obligatoire.

• Les phrases affirmatives se contruisent :
sujet + *be* au présent + *going to* + base verbale + complément.

Look at the queue! We are going to wait long.
Regarde la file, nous allons attendre longtemps.

• Les phrases négatives se contruisent :
sujet + *be* au présent + *not* + *going to* + base verbale + complément.

Sarah is not / isn't going to like that.
Sarah ne va pas aimer ça.

• Les questions se contruisent :
(*Wh-*) + *be* au présent + sujet + *going to* + base verbale + complément + ?.

What are we going to do?
Qu'allons-nous faire ?

2 Le futur dans le passé en *be going to*

• Ce temps sert à parler d'actions qui devaient avoir lieu dans le passé (mais qui ne sont pas arrivées).

They were going to leave when the phone rang.
Ils allaient partir quand le téléphone a sonné.

• Il se construit comme le futur en *be going to*, la seule différence est que *be* est conjugué au *preterit* et pas au présent.

I was going to call you. J'allais t'appeler.
Sarah was not / wasn't going to leave without him! Sarah n'allait pas partir sans lui.
What were they going to do? Qu'allaient-ils faire ?

3 Les formes du futur en *be going to*

	Constructions	Exemples
Affirmation	Sujet + *be* au présent + *going to* + base verbale + complément	*It is going to rain.* Il va pleuvoir.
Négation	Sujet + *be* au présent + *not* + *going to* + base verbale + cplt	*They are not going to win.* Ils ne vont pas gagner.
Question	(*Wh-*) + *be* au présent + sujet + *going to* + base verbale + (cplt) ?	*What are you going to do?* Que vas-tu faire ?

Testez-vous !

Cochez les propositions correctes.

1. ☐ Mum's face is all red. She is going to punish us.
   ☐ Mum's face is all red. She will punish us.
2. ☐ Stop or I am going to leave.
   ☐ Stop or I will leave.
3. ☐ Look, it will rain.
   ☐ Look, it is going to rain.
4. ☐ Without Smith and Roberts, they are not going win.
   ☐ Without Smith and Roberts, they are not going to win.
5. ☐ Where are you going to go?
   ☐ Where you going to go?
6. ☐ Take your anorak, it is going to be cold.
   ☐ Take your anorak, it going to be cold.
7. ☐ If you continue, I'm going get angry.
   ☐ If you continue, I'm going to get angry.
8. ☐ He is scared, he is not going to jump.
   ☐ He is scared, he will not jump.

→ Réponses p. 112

Choisir entre *will* et *be going to*

LES RÉFLEXES À AVOIR

- Pour une prédiction simple ou pour une action que vous avez l'intention de faire, ou encore pour indiquer la certitude : futur en *will*.

  I am sure they will win. Je suis sûr(e) qu'ils vont gagner.
  I will go there one day. J'irai là-bas un jour.

- Pour une prédiction basée sur la logique ou pour une réaction logique à une situation : futur en *be going to*.

  I have analysed their game, they are going to win.
  J'ai analysé leur jeu, ils vont gagner.

LES PIÈGES À ÉVITER

- *Will* n'a aucun équivalent dans la phrase française, évitez donc le mot à mot à la traduction.

- Ne pas oublier *to* dans le futur en *be going to*, cela arrive souvent à cause du calque avec le français.

  He is going to win.
  Il va gagner.

- Si vous voulez insister sur l'idée d'urgence, c'est la valeur de futur proche du présent *be* + *V-ing* qu'il faut utiliser.

  Hurry up, the train is leaving!
  Dépêche-toi, le train va partir !

DU FRANÇAIS À L'ANGLAIS

- Le futur en *will* peut se traduire avec le futur simple français ou le verbe aller.

  They will leave in five minutes.
  Ils partiront / vont partir dans cinq minutes.

- En revanche le futur en *be going to* ne se traduit pas avec le futur simple, il faut conserver le verbe aller en français.

  Look. It's going to rain! Regarde. Il va pleuvoir ! → On ne traduira jamais par « Regarde. Il pleuvra » qui est grammaticalement correct mais qui ne se dit pas en français.

EXEMPLE

Valeurs des deux futurs

Scientists say that the earth will warm by an additional 7.2 degrees and there is nothing we can do about it. Greenhouse gases can stay in the atmosphere for decades. No matter what we do, the rise in temperatures is going to happen and provoke changes on our planet.

These changes have already started, they are clearly going to have consequences on the flora and fauna. This is the case with the melting of glaciers. According to a US survey, polar bears will be nearly extinct by mid-century due to melting of the Arctic ice cap

7.2° Fahrenheit équivaut environ à 4° Celsius.

Les scientifiques disent que la terre se réchauffera de 7.2 degrés et qu'il n'y a rien que nous puissions y faire. Les gaz à effet de serre peuvent rester dans l'atmosphère pendant des décennies. Quoi que nous fassions, la hausse des températures va avoir lieu et provoquer des changements sur notre planète.
Ces changements ont déjà commencé, ils vont avoir de nettes conséquences sur la flore et la faune. C'est le cas avec la fonte des glaciers. Selon une étude américaine, les ours polaires auront quasiment disparu d'ici au milieu du siècle à cause de la fonte de la calotte glacière arctique.

- Je choisis le futur en *will* si : je veux insister sur le fait que je suis certain de ce que j'énonce.

→ Ici, l'auteur insiste sur sa certitude et ses sources pour se montrer plus convaincant.

Scientists says that the earth will warm. → La certitude vient du fait que ce sont les scientifiques qui le disent.

- Je choisis le futur en *be going to* si : je pars d'éléments présents pour en tirer des conclusions logiques sur ce qui va se passer ensuite.

→ Ici, l'auteur du texte part de faits établis.

Greenhouse gases can stay in the atmosphere for decade et en déduit pour l'avenir : *the rise in temperatures is going to happen and provoke changes.*

Vérification des connaissances

1 Cochez les bonnes réponses.

1. I see your future, you … on the lottery.

☐ will win ☐ will to win ☐ are going to win ☐ are going win

2. This player … a champion.

☐ will become ☐ will to become ☐ is going to become ☐ is going become

3. Peter … a shower but someone knocked at the door.

☐ will have ☐ would have ☐ is going to have ☐ was going to have

4. I didn't think that he … her.

☐ will marry ☐ would marry ☐ is going to marry ☐ was going marry

5. John and Tom are at the hospital, they … .

☐ will not come ☐ would not come ☐ are not going to come ☐ were not going to come

6. I am sure that she … .

☐ will not come ☐ would not come ☐ is not going to come ☐ was not going to come

7. Quick! The plane … in five minutes!

☐ will take off ☐ is going to take off ☐ is taking off ☐ takes off

8. Like a hobo from a broken home, nothing … me.

☐ will stop ☐ is going to stop me ☐ would stop ☐ was going to stop

Exercices d'entraînement

2 Complétez ces phrases avec le futur en *will*.

1. What … you … (do) now?

2. The weather forecast says that it … (not rain) in Miami.

3. If I have children, I … (not be) strict.

4. When she has a job, Sarah … (buy) a new house.

5. What … you … (need) for the trip?

3 Complétez ces phrases avec le futur en *be going to*.

1. It's very cold. I think it … (snow).

2. No, it … (not snow), there aren't any clouds.

3. When … you … (leave)?

4. 2-0 and only 3 minutes left, they … (win).

5. I … (not bet) with you on this one.

4 Complétez ces phrases avec le futur en *be going to* ou le futur en *will*.

1. More taxes! How … we … (pay)?

2. Aliens … (invade) us, I know it!

3. Where … you … (go) for the next holiday?

4. We … (travel) around the world. Asia, Africa and South America.

5. Careful! You … (fall)!

5 Complétez ces phrases avec le temps qui convient. Attention à la concordance.

1. John told me that he … (come) before 6 o'clock.

2. I … (leave) but I forgot my keys.

3. Listen, there is something we … (tell) you.

4. I … (love) to go with you but I have to work.

5. I didn't think he … (be) capable of that.

6 Traduisez les phrases suivantes.

1. L'an prochain, je participerai au marathon de New York. Je vais m'entraîner dur.

2. Regarde ! Ils vont perdre le ballon !

3. Je savais que Jenny aurait ses examens. Elle va devenir docteur !

4. J'allais t'appeler, tu pars à quelle heure ?

5. C'est une certitude, le climat va changer et cela affectera la vie sur terre.

Testez-vous !

p. 105

1. He won't need his boots.

2. What time will you leave?

3. She will have twins.

4. From 6 to 8, Sam will be working.

5. Tomorrow morning? Tom and I will be sleeping!

> **Rappel**
> À la forme contractée, *will not* devient *won't*.

p. 107

1. Mum's face is all red. She is going to punish us.

2. Stop or I am going to leave.

3. Look, it is going to rain.

4. Without Smith and Roberts, they are not going to win.

5. Where are you going to go?

6. Take your anorak, it is going to be cold.

7. If you continue, I'm going to get angry.

8. He is scared, he is not going to jump.

> **Remarque**
> Le futur en *be going to* convient dans les trois phrases 1, 2 et 3 puisqu'elles font des prédictions logiques à partir de ce qui se passe maintenant.

Vérification des connaissances

1

1. will win

2. will become – is going to become → Le futur en *will* insiste sur la certitude, celui en *be going to* insiste sur la logique.

3. was going to have

4. would marry → Concordance des temps, ces actions se situent dans le passé.

5. are not going to come

6. will not come

7. is taking off

8. is going to stop me

Gagnez des points !

La phrase insiste sur l'urgence, on utilise le présent *be* + *V-ing* à valeur de futur proche.

Exercices d'entraînement

2

1. What will you do now?

2. The weather forecast says that it will not / won't rain in Miami.

Remarque

La personne se fonde sur une source (la météo), elle utilise le futur en *will* pour insister sur la certitude.

3. If I have children, I will not / won't be strict.

(If I have children: subordonnée de temps au présent; I will not / won't be strict: principale au futur)

→ Supposition qui utilise une subordonnée de temps. La proposition subordonnée est donc au présent et la principale au futur.

4. When she has a job, Sarah will buy a new house.

(When she has a job: subordonnée de temps au présent; Sarah will buy a new house: principale au futur)

5. What will you need for the trip?

3

1. It's very cold. I think it is going to snow.

2. No, it is not going to snow there aren't any clouds.

3. When are you going to leave?

4. 2-0 and only 3 minutes left, they are going to win.

5. I am not going to bet with you on this one.

> **Piège à éviter**
>
> Attention au calque sur le français, n'oubliez pas le *to* du futur en *be going to*.

4

1. More taxes! How are we going to pay?

2. Aliens will invade us, I know it!

3. Where will you go for the next holiday?

4. We will travel around the world. Asia, Africa and South America.

5. Careful! You are going to fall!

> **L'astuce du prof**
>
> Pour choisir le bon futur, faites attention au contexte : une déduction logique impose le futur en *be going to*, une intention ou une volonté imposent le futur en *will*.

5

1. John told me that he would come before 6 o'clock.

2. I was going to leave but I forgot my keys.

3. Listen, there is something we were going to tell you.

4. I would love to go with you but I have to work.

5. I didn't think he would be capable of that.

> **Remarque**
>
> Dans un contexte passé, on utilise le futur dans le passé :
> - *will* + base verbale → *would* + base verbale et *am / is / are going to* + base verbale → *was /were going to* + base verbale.

6

1. Next year, I will take part in the New York Marathon. I am going to train hard.

2. Look! they are going to lose the ball!

3. I knew (that) Jenny would pass her exams. She is going to become a doctor!
→ Concordance des temps : je savais qu'elle aurait ses examens.

4. I was going to call you. What time are you leaving?

5. It is a certitude, the climate will change and it will affect life on earth.

ou

It is a certitude, the climate is going to change and it is going to affect life on earth.

Gagnez des points !

Premier verbe : futur en *will* → volonté de la personne qui parle.

Second verbe : futur en *be going to* → conséquence logique : il va devoir s'entraîner dur.

Rappel

Futur en *will* → prédiction fondée sur la certitude de la personne qui parle.

Futur en *be going to* → déduction logique de ce qui va arriver en fonction de la situation précédente.

CHAPITRE 8

Les auxiliaires modaux

1 Les modaux et les probabilités

- En anglais, on se sert des auxiliaires modaux pour définir les différents niveaux de probabilité.

> En français, on utilise « pouvoir » et « devoir » quand on parle de probabilité : « j'ai dû l'oublier quelque part ».

1 Certitude (probabilité de 100 %)

- Pour la certitude, il est possible de n'utiliser aucun modal et on relate simplement un fait.

It's him! C'est lui !

- Si l'on veut insister sur la certitude, on utilise *will*.

He will succeed. Il va réussir. → J'en suis convaincu.

2 Très forte probabilité (90 %)

- Pour une très forte probabilité, on utilise *must*. Pour une probabilité sur un fait passé, *must* est suivi d'un infinitif passé (*have* + participe passé).

It must be him. Ça doit être lui.

I must have left my keys in the car. J'ai dû laisser mes clés dans la voiture.

- On peut aussi utiliser *have to* avec un sens plus restrictif : il n'y a pas d'autre possibilité.

It has to be him! Ça ne peut être que lui !

3 Forte probabilité (plus de 50 %)

- Pour une forte probabilité, on utilise *should* ou *ought to*.

It should be alright / It ought to be alright. Ça devrait bien se passer.

- *Should* et *ought to* ne peuvent servir pour parler de la probabilité d'un fait passé.

It should have been alright. Ça devait / aurait dû bien se passer. → La phrase ne formule pas de probabilité mais dit implicitement que cela s'est mal passé.

4 Probabilité moyenne (50 %)

- Pour une probabilité moyenne, on utilise *may*. Pour une probabilité sur un fait passé, *may* est suivi d'un infinitif passé.

  It may be him. C'est peut-être lui.

  I may have left my keys in the car. J'ai peut-être laissé mes clés dans la voiture.

5 Probabilité faible (30 %)

- Pour une probabilité faible, on utilise *could* (*preterit* de *can*) ou *might* (*preterit* de *may*). La probabilité exprimée par *could* est légèrement supérieure à celle exprimée par *might*.

  It could be him / It might be him. Ça pourrait être lui.

- Pour une probabilité sur un fait passé, *could* et *might* sont suivis d'un infinitif passé.

  I could have left my keys in the car / I might have left my keys in the car. Je pourrais avoir laissé mes clés dans la voiture.

6 Impossibilité

> Avec les probabilités, *can't* (= impossibilité) est l'opposé de *must* (très forte probabilité).

- Dans le cas d'une impossibilité, on utilise *can't*.

En fait on est certain à 100 % que la chose que l'on envisage n'est pas possible.

  It can't be him. Ça ne peut pas être lui.

- Pour l'impossibilité d'un fait passé, *can't* est suivi d'un infinitif passé.

  I can't have left my keys in the car. Je ne peux pas avoir laissé mes clés dans la voiture.

Testez-vous !

Quelle est la probabilité de ces différents évènements ?

1. It can't be so simple.
☐ impossible ☐ faible ☐ moyenne

2. She should be at work.
☐ faible ☐ moyenne ☐ forte

3. John will listen to Cathy.
☐ forte ☐ très forte ☐ certitude

4. Jack might be right.
☐ impossible ☐ faible ☐ moyenne

5. I must have forgotten.
☐ forte ☐ très forte ☐ certitude

6. You may be right.
☐ forte ☐ moyenne ☐ faible

7. « Look! What's this?» « I don't know, it could be a very big bird… »
☐ forte ☐ moyenne ☐ faible

→ Réponses p. 129

2 Capacité et permission : *can, be able to* et *be allowed to*

1 Formes et emplois de *can*

- *Can* équivaut au verbe « pouvoir ». Il est invariable et suivi d'une base verbale.
- Une affirmation avec *can* se forme : **Sujet + *can* + base verbale + cplt.**
  You can take it. Tu peux le prendre.
- Sa forme négative est *cannot* ou *can't* sous sa forme contractée.
  She cannot / can't leave now. Elle ne peut pas partir maintenant.
- Les questions avec *can* se forment : **(*Wh-*) + *can* + sujet + base verbal + (cplt) + ?**
  What can we do about it? Que peut-on y faire ?
- Sa forme au *preterit* est *could.*
  I couldn't leave without my keys. Je ne pouvais pas partir sans mes clefs.

2 *Can* à valeur de capacité et *be able to*

- *Can* indique si une action est possible physiquement et / ou intellectuellement. Dans ce cas, il peut se traduire par « savoir ».
  Laura can sing but she can't dance. Laura sait chanter mais elle ne sait pas danser.
- Pour exprimer la possibilité au futur, au *present perfect* et au *pluperfect*, on remplace *can* par *be able to* (être capable de).
  Susan has been able to change her wheel. Susan a pu changer sa roue.

3 *Can* à valeur de permission et *be allowed to*

- *Can* indique aussi qu'on a le droit de faire une action, il est alors synonyme de l'auxiliaire modal *may* (qui est toutefois beaucoup plus formel).
  You can / may watch TV. Tu peux regarder la télé.
- Les questions avec *can* permettent de demander une permission ou un service.
  Can / May I go out now? Puis-je sortir maintenant ?
  Can / Could you give me the salt? Peux-tu / Pourrais-tu me passer le sel ?

> *May* ne convient pas pour demander un service à quelqu'un.

- Les négations permettent de refuser une permission ou d'interdire. *No you can't / may not.* Non, tu ne peux pas.

> *May* n'a pas de forme contractée.

- Pour exprimer la permission au futur, au *present perfect* et au *pluperfect* on remplace *can* par *be allowed to* (être autorisé à).
  He will be allowed to leave. Il pourra partir.

4 La capacité aux différents temps

Temps	Formes	Exemples
pluperfect	*be able to*	*She had been able to catch it.* Elle avait pu l'attraper.
present perfect	*be able to*	*She has been able to catch it.* Elle a pu l'attraper.
preterit	*could / be able to*	*She could / was able to catch it.* Elle a pu / pouvait l'attraper.
présent	*can*	*She can catch it.* Elle peut l'attraper.
futur	*be able to*	*She will be able to catch it.* Elle pourra l'attraper.

5 La permission aux différents temps

Temps	Formes	Exemples
pluperfect	*be allowed to*	*He had been allowed to participate.* Il avait pu participer / Il avait été autorisé à participer.
present perfect	*be allowed to*	*He has been allowed to participate.* Il a pu participer / Il a été autorisé à participer.
preterit	*could / be allowed to*	*He could / was allowed to participate.* Il a pu participer / Il a été autorisé à participer.
présent	*can / may*	*He can / may participate.* Il peut participer.
futur	*be allowed to*	*He will be allowed to participate.* Il pourra participer / Il sera autorisé à participer.

Testez-vous !

Cochez la bonne réponse.

1. How fast … you run?
☐ can ☐ may ☐ are you allowed to

2. OK, you … go out.
☐ could ☐ may ☐ are able to

3. Next year, they … read.
☐ can ☐ will be allowed to
☐ will be able to

4. Without Smith and Roberts, they … win.
☐ hasn't been able to
☐ haven't been able to
☐ haven't been allowed to

5. No, you … play videogames.
☐ can't ☐ mayn't ☐ are not able to

→ Réponses p. 129

3 Obligation, interdiction et absence d'obligation : *must* et *have to*

1 *Must*

- *Must* exprime l'obligation. La personne s'oblige elle-même ou quelqu'un d'autre.

  I must succeed. Je dois réussir.
  You must finish your homework. Tu dois finir tes devoirs.

- *Must* est invariable et est toujours suivi d'une base verbale.
- La forme négative de *must* est *must not* ou *mustn't*. Elle exprime l'interdiction.

  You mustn't play with matches. Tu de dois pas jouer avec les allumettes.

> Attention à ne pas oublier le *-t* de *must* dans la forme contractée de *mustn't*.

- Dans les questions, au passé et au futur, *must* est remplacé par *have to*.

  Do you really have to leave? Tu dois vraiment partir ?

- Pour une interdiction passée ou future, *mustn't* est remplacé par *be forbidden to*.

  She was forbidden to leave. Elle n'avait pas le droit de partir. / Il lui était interdit de partir.

2 *Have to*

- *Have to* équivaut à *must* pour le passé et le futur. L'obligation qu'il exprime vient des circonstances extérieures. On le trouve donc aussi au présent.

> Pour une obligation extérieure, *must* est possible mais moins courant que *have to*.

  I must wash the car. Je dois laver la voiture. → Parce que je la trouve sale.
  I have to wash the car. Je dois laver la voiture. → Parce qu'un acheteur vient la voir demain.

- À la forme négative, il fonctionne avec un auxiliaire, il exprime l'absence d'obligation. Il est alors synonyme de *need not / needn't*.

  We don't have to get up! Nous ne sommes pas obligés de nous lever !
  We needn't get up! Nous n'avons pas besoin de nous lever !

- *Have to* remplace *must* dans les questions. Il fonctionne ici aussi avec un auxiliaire.

  Does she really have to do this? Doit-elle vraiment faire ça ?

3 L'obligation aux différents temps

Temps	Formes	Exemples
pluperfect	*have to*	*She had had to work a lot.* Elle avait dû travailler beaucoup.
present perfect	*have to*	*She has had to work a lot.* Elle a dû travailler beaucoup.
preterit	*have to*	*She had to work a lot.* Elle a dû / devait travailler beaucoup.
présent	*must / have to*	*She must work a lot / She has to work a lot.* Elle doit travailler beaucoup.
futur	*have to*	*She will have to work a lot.* Elle devra beaucoup travailler.

4 L'absence d'obligation aux différents temps

Temps	Formes	Exemples
pluperfect	*not have to*	*I hadn't had to get up.* Je n'avais pas eu à me lever.
present perfect	*not have to*	*I haven't had to get up.* Je n'ai pas eu à me lever.
preterit	*not have to*	*I didn't have to get up.* Je n'ai pas eu à me lever / Je n'avais pas à me lever.
présent	*not have to*	*I don't have to get up.* Je n'ai pas à me lever.
futur	*not have to*	*I won't have to get up.* Je n'aurai pas à me lever.

Testez-vous !

Ces phrases sont-elles correctes ou incorrectes ?

1. How far must you go?
☐ correcte ☐ incorrecte

2. She doesn't have to work today.
☐ correcte ☐ incorrecte

3. John will must do his homework.
☐ correcte ☐ incorrecte

4. She didn't must go out.
☐ correcte ☐ incorrecte

5. Did you have to go?
☐ correcte ☐ incorrecte

→ Réponses p. 129

4 Conseiller, déconseiller : *should* et *ought to*

1 Should

Should est le *preterit* de *shall* qui sert le plus souvent à proposer. Par exemple, *shall we go now?* Et si nous partions ?

- *Should* est invariable et est suivi d'une base verbale. Il exprime le conseil et permet de juger. *You should read this.* Tu devrais lire ça.
- La négation se forme avec *should not* ou *shouldn't* et permet de déconseiller.
  She shouldn't listen to him. Elle ne devrait pas l'écouter.
- Dans une question, *should* permet de demander un conseil (le plus souvent pour soi).
  Should I stay or should I go? Devrais-je rester ou devrais-je partir ?
- Dans une interro-négative, il permet de suggérer tout en donnant son avis.
  Shouldn't you stop smoking? Ne devrais-tu pas t'arrêter de fumer ?
- Les conseils donnés avec *should* peuvent concerner le présent et le futur.
  You should practise harder. Tu devrais t'entraîner plus dur. → Maintenant et à l'avenir.
- Au passé, *should* doit être suivi d'un infinitif passé : *have* + participe passé.
  He should have stopped a long time ago. Il aurait dû arrêter il y a longtemps.

2 *Ought to*

Pour bien choisir entre *should* et *ought to*, observez le contexte : le conseil fondé sur un avis impose *should* ; un conseil fondé sur les circonstances impose *ought to*.

- *Ought to* est invariable et est suivi d'une base verbale. Il est proche de *should* mais conseille non pas en fonction d'un avis personnel mais des circonstances.
  You should read this book. Tu devrais lire ce livre. → À mon avis c'est un bon livre.
  You ought to read this book. Tu devrais lire ce livre. → Il contient toutes les informations que tu cherches.
- *Ought to* indique aussi une probabilité assez importante.
  Henry ought to be here soon. Henri devrait bientôt arriver. → Parce que c'est quelqu'un de ponctuel.
- Sa forme négative est *ought not to* ou *oughn't to*, elle déconseille ou indique une probabilité assez forte.
  It oughtn't to take long. Ça ne devrait pas prendre longtemps.
- Dans une question, *ought to* sert à demander un conseil ou une instruction (le plus souvent pour soi). *What time ought I to arrive?* À quelle heure dois-je arriver ?
- *Ought to* concerne le présent et le futur mais, au passé, il doit aussi être suivi d'un infinitif passé.
  It ought to have ended a long time ago. Ça aurait dû se terminer il y a longtemps.

3 Conseiller aux différents temps

Temps	Construction	Exemples
passé	*should / ought to* + infinitif passé	*She should have listened to him / She ought to have listened to him.* Elle aurait dû l'écouter.
présent futur	*should / ought to*	*She should listen to him / She ought to listen to him.* Elle devrait l'écouter.

4 Déconseiller aux différents temps

Temps	Construction	Exemples
passé	*shouldn't / oughtn't to* + infinitif passé	*She shouldn't have listened to him / She oughtn't to have listened to him.* Elle n'aurait pas dû l'écouter.
présent futur	*shouldn't / oughtn't to*	*She shouldn't listen to him / She oughtn't to listen to him.* Elle ne devrait pas l'écouter.

Testez-vous !

Ces phrases sont-elles correctes ou incorrectes ?

1. He shoulds revise more.
☐ correcte ☐ incorrecte

2. She shouldn't have gone to work today.
☐ correcte ☐ incorrecte

3. John will should listen to Cathy.
☐ correcte ☐ incorrecte

4. She oughtn't to have gone out in this cold.
☐ correcte ☐ incorrecte

5. We ought to left earlier.
☐ correcte ☐ incorrecte

→ Réponses p. 129

Bien utiliser les auxiliaires modaux

LES RÉFLEXES À AVOIR

- Distinguez bien possibilité, autorisation, obligation, absence d'obligation, interdiction, conseil et probabilité.

You can dance. Tu sais danser. *You must dance.* Tu dois danser. *You should dance.* Tu devrais danser.

LES PIÈGES À ÉVITER

- Ne pas confondre *mustn't* (interdiction) et *not have to* (absence d'obligation).

You mustn't dance. Tu ne dois pas danser. *You don't have to dance.* Tu n'es pas obligé de danser.

- *Must* indique une très forte probabilité, son opposé n'est pas *mustn't* mais *can't*.

He must be guilty. Il est (très certainement) coupable. *He can't be guilty.* Il ne peut pas être coupable.

LES ASTUCES DU PROF

- Pour les probabilités de très fortes à moyennes, on peut utiliser des adverbes.

Niveaux de probabilité	**Adverbes**
très fort	*unmistakably, undeniably* sans erreur possible *undoubtedly, doubtlessly* sans aucun doute *definitely, certainly* certainement
fort	*surely, probably* sûrement, probablement
moyen	*perhaps, maybe, possibly* peut-être

DU FRANÇAIS À L'ANGLAIS

- Pour indiquer une probabilité, le français a principalement recours à des adverbes.

Adverbe en français	→	**Modal anglais correspondant**
Sans aucun doute, certainement, sûrement	→	*must.* *It must be him.* C'est certainement lui.
Sans doute, probablement	→	*should, ought to.* *It should be him.* C'est probablement lui.
Peut-être	→	*may* *It may be him.* C'est peut-être lui.

EXEMPLE

Distinguer les valeurs des différents modaux

- *Students have to wear school uniforms.*
- *Students must not run in the corridors.*
- *Students should not bring valuable items to the school.*
- *Students can eat snacks in the halls but they must keep the school clean.*
- *Students cannot eat in class.*
- *Students may bring guests but may not do so without permission.*
- *Visitors should dress correctly.*
- *First years will be allowed to participate in the school clubs.*
- Les élèves doivent porter l'uniforme de l'école.
- Les élèves ne doivent pas courir dans les couloirs.
- Les élèves ne devraient pas apporter d'objets de valeur à l'école.
- Les élèves peuvent manger un goûter dans les différents halls mais ils doivent garder l'établissement propre.
- Les élèves n'ont pas le droit de manger en classe.
- Les élèves sont autorisés à venir avec des invités à l'école mais n'ont pas le droit de le faire sans autorisation.
- Il est conseillé aux visiteurs de se présenter avec une tenue correcte.
- Les élèves de première année seront autorisés à participer aux clubs proposés par l'école.

● L'autorisation et l'absence d'autorisation :
Can et *may* sont utilisés pour exprimer l'autorisation. → *Cannot et may not* sont utilisés pour l'absence d'autorisation. *Students may bring guests.* → Ils peuvent inviter des personnes dans l'école mais pas sans autorisation : *may not do so without permission.*

> Les modaux n'ont pas de forme du futur.
> *Can* (autorisation) devient *be allowed to*.

● L'obligation : *Students have to wear school uniforms. They must keep the school tidy and clean.* → *Have to* et *must* expriment l'obligation.

● L'interdiction : *Students must not run or shout in the corridors.* → Il ne peuvent pas courir ou crier dans les couloirs → C'est une interdiction.

● Conseiller et déconseiller : *Visitors should dress correctly.* → Pour conseiller on utilise *should. Students should not bring valuable items to the school.* Pour déconseiller quelque chose, on emploie *should not.*

Vérification des connaissances

1 Cochez les bonnes réponses.

1. If you don't work, you …pass.
☐ can't ☐ musn't ☐ won't ☐ shouldn't

2. Yes, I am really not sure but it … be him.
☐ should ☐ must ☐ has to ☐ might

3. You really … stop smoking.
☐ should ☐ can ☐ may ☐ might

4. They know! Someone … have spied on us!
☐ might ☐ may ☐ could ☐ must

5. It's impossible, Ted … have done that!
☐ mustn't ☐ doesn't have to ☐ can't ☐ may not

6. Thank you, you … go now.
☐ might ☐ may ☐ could ☐ must

7. Can I help with the barbecue dad? No, you … play with fire at your age.
☐ couldn't ☐ shouldn't ☐ don't have to ☐ mustn't

8. I … finish this or the boss will fire me.
☐ can ☐ have to ☐ may ☐ might

Exercices d'entraînement

2 Quelle est la valeur de ces modaux et expressions modales ?

1. What should we do now?
☐ demande de conseil ☐ demande de permission ☐ demande de permission formelle

2. You don't have to finish now.
☐ interdiction ☐ absence d'obligation ☐ impossibilité

3. We might be able to do it.
☐ permission formelle ☐ capacité ☐ probabilité faible

4. No way! You can't be right!
☐ capacité ☐ refus de permission ☐ impossibilité

5. Mat has to call her! He loves her!
☐ conseil ☐ obligation extérieure ☐ obligation personnelle

6. You ought to tell the police.
☐ conseil ☐ obligation ☐ capacité

3 Complétez ces phrases pour exprimer la valeur entre parenthèses.

1. Tom … be late (certitude).

2. He … leave now (obligation).

3. You … drive, you have drunk three whiskies (conseil).

4. You know your math lesson, you … watch TV now (permission).

5. It … be exact but I think there is a problem (probabilité faible).

6. You … wash up, it's Mike's turn (absence d'obligation).

4 Complétez avec *can't*, *mustn't* ou *not have to*.

1. The train leaves at 11, we … get up at 6.

2. I've already told you, the answer … be 1732!

3. Children … play with fire.

4. We can help her, she … do it alone.

5. Tom … have done it, he was with me at the restaurant.

5 Reformulez ces phrases avec les modaux qui conviennent, attention aux temps.

1. Mr White is unquestionably guilty.

2. It is probably Tom.

3. Perhaps we will be here at 12.

4. It is impossible that Sally did this.

5. It is possible that Bob phoned but I don't think so.

6 Mettez les propositions en gras au futur.

1. His parents said yes. **He can come.**

2. **He must be careful** or Lynn will leave him.

3. His results are dreadful, **he can't pass.**

4. **He should work harder** if he wants to succeed.

5. Mat doesn't play well these days, **he mustn't play in the tournament.**

7 Traduisez les phrases suivantes.

1. « Il faut que tu ailles chez le médecin. » « Je devrais pouvoir y aller la semaine prochaine. »

2. Oh non, j'ai dû oublier mon parapluie dans la voiture. Peux-tu aller me le chercher ?

3. Il n'a pas pu voler le diamant, il doit y avoir une autre explication.

4. Jenny n'est pas obligée de ranger, c'est à Ted de le faire, c'est son tour.

5. « Je crois que mon sac est chez Ann. » « Tu vas devoir attendre, elle est en vacances ! »

6. Non Jimmy, tu n'as pas le droit de sauter sur ton lit, tu pourrais le casser.

8 Complétez ces phrases avec *should / shouldn't, can / can't* ou *must / mustn't*.

1. You … go there, it's dangerous.

2. Ok, you … go but you … be back before 11 p.m.

3. She won't pass, she … have worked harder.

4. No, you … watch TV but you … read a book if you like.

5. It's very important! You … forget!

Testez-vous !

p. 117

1. impossible
2. forte
3. certitude
4. faible
5. très forte
6. moyenne
7. faible

Piège à éviter

Pour la probabilité, *can't* (impossibilité) est l'opposé de *must* (très forte probabilité).

p. 119

1. can
2. may
3. will be able to
4. haven't been able to
5. can't

Remarque

May not aurait été possible mais la forme contractée *mayn't* n'existe pas pour des raisons de prononciation.

p. 121

1. incorrecte
2. correcte
3. incorrecte
4. incorrecte
5. correcte

p. 123

1. incorrecte
2. correcte
3. incorrecte
4. correcte
5. incorrecte

Piège à éviter

Should convient pour le futur. *Will* et *should* ne peuvent jamais se suivre.

Vérification des connaissances

1

1. won't
2. might
3. should
4. must
5. can't
6. may
7. mustn't
8. have to

Remarque

Can aurait été possible mais avec le sens « tu peux arrêter de fumer, tu en es capable ».

Remarque

Shouldn't aurait pu aussi convenir. Mais le père ne conseille pas son fils, il lui ordonne quelque chose.

Exercices d'entraînement

2

1. demande de conseil
2. absence d'obligation
3. probabilité faible
4. impossibilité
5. obligation extérieure
6. conseil

Remarque

Attention au sens :
- *can't* de capacité : il est intellectuellement incapable d'avoir raison.
- *can't* refus de permission : il n'a pas le droit d'avoir raison.

3

1. Tom **will** be late. → Certitude.
2. He **has to / must** leave now. → Obligation.
3. You **shouldn't / oughtn't to** drive, you have drunk three whiskies. → Conseil.
4. You know your math lesson, you **can / may** watch TV now. → Permission.
5. It **could / might** be exact but I think there is a problem. → Probabilité faible.
6. You **don't have to** wash up, it's Mike's turn. → Absence d'obligation.

4

1. The train leaves at 11, we **don't have to** get up at 6. → Absence d'obligation.

2. I've already told you, the answer **can't** be 1732!
→ Impossibilité.
ou I've already told you, the answer **must** be 1732! → probabilité très forte.

3. Children **mustn't** play with fire. → Interdiction.

> **Piège à éviter**
> *Mustn't* car c'est une vérité générale → « Les enfants ne doivent pas jouer avec le feu ».

4. We can help her, she **doesn't have to** do it alone. → Absence d'obligation.

5. Tom **can't** have done it, he was with me at the restaurant. → Impossibilité.

5

1. Mr White must be guilty.
2. It should be / ought to be Tom.
3. We may be here at 12.
4. Sally can't have done this.
5. Bob could have / might have phoned but I don't think so.

6

1. His parents said yes. **He will be allowed to come.**
2. **He will have to be careful** or Lynn will leave him.
3. His results are dreadful, **he will not be able to pass.**
4. **He should work harder** if he wants to succeed.
5. Mat doesn't play well these days, **he will be forbidden to play in the tournament.**

> **Rappel**
> *Should* fonctionne pour le présent et le futur.

7

1. "You have to see the doctor." "I should be able to see him / her next week."

2. Oh no, I must have forgotten my umbrella in the car. Can you get it for me?

> **Remarque**
> *Could you get it...* est possible et aussi plus poli.

3. He can't have stolen the diamond, there must be another explanation.

4. Jenny doesn't have to tidy, Ted should do it, it's his turn.

5. "My bag may be at Ann's." "You will have to wait, she is on holiday!"

6. No Jimmy, you mustn't / can't jump on your bed, you could / might break it.

Gagnez des points !

« Je suis sûr que, je crois que, etc. » indiquent des probabilités et peuvent aussi être traduits avec des modaux.

8

1. You **shouldn't** / **mustn't** go there, it's dangerous.
2. OK, you **can / may** go but you **must** be back before 11 p.m.
3. She won't pass, she **should** have worked harder.
4. No, you **can't / may not** watch TV but you **can / may** read a book if you like.
5. It's very important! You **mustn't** forget!

PARTIE 2 Vocabulaire

CHAPITRE 9 Le langage

1 Aimer, ne pas aimer

1 Les mots essentiels

be fond of	être passionné de	
be keen on	être fan de	(GB)
be in love with	être amoureux de	
be partial to	avoir un penchant pour	ne convient pas pour les personnes
esteem	estimer	*self-esteem* l'amour propre
have a soft spot for	avoir un faible pour	(familier)

Comme *adore, have a soft spot* ne s'applique qu'aux personnes.

love [amour]	aimer	
adore	adorer	
like	aimer	*like* est aussi un adverbe signifiant comme.
dislike	ne pas aimer	
prefer	préférer	
enjoyment	plaisir	
delight in	prendre beaucoup de plaisir à	
enjoy	prendre plaisir à	*enjoy oneself* s'amuser
loathe	haïr au plus haut point	*self-loathing* la haine de soi
hate	detester	
hatred	haine	syn : *loathing*
taste	goût	aussi le sens du goût, de la nourriture
cute	mignon	
pretty	jolie	ne s'utilise que pour une femme / fille
good-looking	beau	contr : *bad-looking*
handsome	beau	ne s'utilise que pour les hommes
beautiful	très beau	s'utilise davantage pour une femme
magnificent	magnifique	syn : *sumptuous*
ugly	laid	*ugly as sin* très laid
boring	ennuyeux	*Sam is a bore* Sam est barbant
fascinating	fascinant	
great	génial	*great fun* drôle
interesting	intéressant	

Take pleasure in prendre plaisir à.
syn : *relish, savour.*

Seul *full* prends deux l, pour tous les autres adjectifs, le suffixe est *ful*.

2 Des mots en plus

attractive	attirant	
care for	tenir à	
charming	charmant	*prince charming* le prince charmant
dote on	être fou de	*Teenage girls dote on Zac Efron*
fancy	avoir le béguin pour	syn : *have a crush on* (familier)
gorgeous	superbe	
lovely	ravissant	
ordinary	ordinaire	syn : *commonplace*
stimulating	stimulant	
stunning	d'une beauté à couper le souffle	
treasure	chérir	syn : *cherish*
unremarkable	sans rien de remarquable	
worship	idolâtrer	syn : *idolize*
be interested in	être intéressé par	
captivate	captiver	
page turner	un livre qu'on ne peut pas lâcher	
compelling	irrésistible	seulement pour une œuvre (film, livre)

Testez-vous !

Vrai ou faux ?

1. *Usefull, playfull* et *carefull* sont correctement orthographiés.
☐ vrai ☐ faux

2. *Handsome* et *pretty* peuvent décrire la même personne.
☐ vrai ☐ faux

3. *I adore playing football* est correct.
☐ vrai ☐ faux

4. *Relish* et *savour* sont synonymes de *take pleasure in*.
☐ vrai ☐ faux

5. *Taste* désigne les goûts (esthétiques) et le sens du goût.
☐ vrai ☐ faux

→ Réponses p. 145

2 Décrire un document

1 Les mots essentiels

advertisement	publicité	syn : *an ad*
cartoon	dessin humoristique / animé	
character	personnage	*Bugs Bunny is a cartoon character*
the main character	personnage principal	
comic strip	BD	
compose	composer	*be composed of* être composé de
deal with	traiter de	*The text deals with politics*
detective story	roman policier	syn : *a whodunnit*
		Whodunit : contraction de *who has done it?*
document	document	
fantastic story	roman fantastique	avec des éléments surnaturels
love story	roman d'amour	aussi une histoire d'amour
the news	informations	*The TV news* le journal télévisé
newspaper	journal	
newspaper article	article de journal	
painting	peinture [tableau]	aussi de la peinture
part	partie	
picture	image	*in the picture* sur l'image
photograph	photographie	*photography* la photographie [l'art].
represent	représenter	
scene	scène	*the scene takes place* la scène se passe
show	montrer	
subject	sujet	syn : *the theme*
title	titre	*entitled* intitulé
the top	haut	*at the top*
the bottom	bas / le fond	*at the bottom*
the top half	partie haute	*in the top half*
the bottom half	partie basse	*in the bottom half*
the right	droite	*on the right*
the left	gauche	*on the left*
the right hand side	côté droit	*on the right hand side*
the left hand side	côté gauche	*on the left hand side*
the middle	milieu / centre	*in the middle*
corner	coin	*corner kick* un coup de pied de coin
the top right hand corner	coin en haut à droite	*in the top right hand corner*
the top left hand corner	coin en haut à gauche	*in the top left hand corner*

the bottom right hand corner	coin en bas à droite	*in the bottom right hand corner*
the bottom left hand corner	coin en bas à gauche	*in the bottom left hand corner*
the foreground	premier plan	*in the foreground*
the background	arrière-plan	*in the background*
in front of	devant	
behind	derrière	*beyond* au-delà
between	entre	
next to	à côté de	
on	sur	
above	au-dessus de	
under	sous	

2 Des mots en plus

bookcover	couverture d'un livre	
caption	légende [d'une photo]	aussi un sous-titre
the frontpage	la une	
headline	titre	pour un article de journal
look + adj	avoir l'air / sembler	*You look tired* Tu as l'air fatigué
novel	roman	*A short story* une nouvelle.
plot	intrigue	
symbolise	symboliser	

Testez-vous !

Cochez la bonne réponse.

1. Le titre d'un article de journal se dit :
☐ title ☐ headline ☐ caption

2. *A photograph* signifie :
☐ un photographe ☐ l'art de la photographie ☐ une photographie

3. La préposition correcte pour dire « dans le coin en bas à droite » est :
☐ in ☐ on ☐ at

4. La préposition correcte pour dire « sur l'image » est :
☐ in ☐ on ☐ at

5. *A novel* signifie :
☐ une nouvelle
☐ les informations
☐ un roman

→ Réponses p. 145

3 Argumenter et convaincre

1 Les mots essentiels

> *Agree* et *disagree* se forment sans le verbe être.

agree	être d'accord	*I agree with Laura*
disagree	ne pas être d'accord	*I disagree with John*
agreement	accord	*disagreement* désaccord
be right	avoir raison	*be wrong* avoir tort
be mistaken	se tromper	
in my opinion	à mon avis	
to my mind	à mon avis	*To my mind he is stupid*
for my part	pour ma part	*For my part he is stupid*
as far as I'm concerned	en ce qui me concerne	*As far as I'm concerned he is stupid*
think	penser	*thought* pensée
find	trouver	
convince	convaincre	
convinced	convaincu	
convincing	convaincant	*This is very convincing*
unconvinced	pas convaincu	*Sorry, I am unconvinced*
prove	prouver	
in short	en résumé	
briefly	brièvement	*In a nutshell* en un mot
summarize	résumer	syn : *sum up*
to sum up	en résumé	
similarly	de même	
for example	par exemple	syn : *for instance*
in other words	en d'autres mots	
indeed	en effet	
because	parce que	
for	parce que	*He cried for he was sad*
that's why	c'est pourquoi	*He was sad, that's why he cried*
therefore	donc	*He was sad, therefore he cried*
as a consequence	en conséquence	syn : *consequently*
in addition	de plus	syn : *moreover*
although	bien que	syn : *though*
however	cependant	
nevertheless	néanmoins	
yet	pourtant	
on the contrary	au contraire	
whereas	alors que	*I like blue whereas she hates it*

> *Whereas* ne sert que pour relier deux propositions, jamais deux phrases.

2 Des mots en plus

concur	être d'accord	*concur with* être d'accord avec
contradict	contredire	
oppose	s'opposer à	
point	argument	*an interesting point* un argument intéressant
go to the point	aller à l'essentiel	
make one's point	argumenter	
partially	en partie	*I partially agree but . . .*
demonstrate	démontrer	aussi manifester
demonstration	démonstration	aussi une manifestation
relevant	pertinent	
irrelevant	hors-sujet	
thinking	pensée	*Good thinking!* Bonne idée !
chain of thoughts	enchaînement d'idées	
to put it differently	pour dire les choses autrement	
unlike	contrairement à / au contraire de	*Unlike me, John is very brave*

Testez-vous !

Complétez les phrases suivantes.

1. He trains a lot… he is very good.
☐ because ☐ for ☐ that's why

2. She likes chocolate … she hates coffee.
☐ however ☐ indeed ☐ similarly

3. … she can speak Japanese.
☐ Unlike ☐ On the contrary
☐ Whereas

4. OK, I … with you.
☐ am agree ☐ agree ☐ disagree.

5. She is good at science … she is brilliant at French.
☐ moreover ☐ indeed
☐ as a consequence

→ Réponses p. 145

Comment décrire une image

ÉTAPE 1

ÉTAPE 2

ÉTAPE 1 Indiquez la nature du document, son titre, son origine

– journal, livre, photographie, etc.

This document is the cover of a book, probably a comic book. It is entitled The Indispensable Calvin and Hobbes. The author of this book is Bill Watterson.

Ce document est la couverture d'un livre, probablement une BD. Il s'intitule *The Indispensable Calvin and Hobbes.* L'auteur de ce livre est Bill Watterson.

ÉTAPE 2 Décrivez l'image

– où se passe la scène, ce que font les personnages, etc.

Vous décrivez ce qui est en train de se passer sur l'image. → **présent *be* + *V-ing*.**

The scene takes place in a park. In the top left hand corner, there is a boy and a tiger on a platform in a tree. They are throwing a water balloon. In the bottom right hand corner, a girl is passing just under the water balloon.

La scène se passe dans un parc. Dans le coin en haut à gauche, il y a un garçon et un tigre sur une plateforme dans un arbre. Ils jettent une bombe à eau. Dans le coin en bas à droite, une fille est en train de passer juste sous la bombe à eau.

ÉTAPE 3 Imaginez

– faites des suppositions sur l'image. Que signifie-t-elle ? Que va-t-il se passer ensuite ? → **futur en *be going to*.**

The girl is going to be soaking wet, the boy and the tiger are going to make fun of her. Maybe she is going to cry or maybe she is going to go back home and tell her parents.

La fille va être trempée, le garçon et le tigre vont se moquer d'elle. Elle va peut-être pleurer ou peut-être va-t-elle rentrer et le dire à ses parents.

ÉTAPE 4 Donnez votre avis personnel

– commentez l'image. Est-elle intéressante, curieuse, bizarre, etc. ?

I think the boy and the tiger are funny because they are playing jokes. But in my opinion, this picture is strange because the boy has got a tiger, I don't understand this part but I will read this comic.

Je pense que le garçon et le tigre sont amusants parce qu'ils font des farces. Mais à mon avis, cette image est étrange parce que le garçon a un tigre, je ne comprend pas cette partie mais je vais lire cette BD.

Vérification des connaissances

1 Cochez les bonnes réponses.

1. « Attirant » se dit :

☐ handsome ☐ beautiful ☐ attractive ☐ pretty

2. « S'amuser » se dit :

☐ funny ☐ enjoy oneself ☐ please oneself ☐ great fun

3. *A whodunnit* est :

☐ un article ☐ un roman policier ☐ un titre ☐ un roman fantastique

4. Pour dire où se passe l'action d'un livre ou d'une image, vous pouvez utiliser :

☐ take pleasure in ☐ chain of thoughts ☐ compose ☐ the scene takes place

5. Pour dire que vous êtes d'accord, vous utilisez :

☐ concur ☐ opinion ☐ disagree ☐ mind

6. « Le premier plan » se dit :

☐ in front of ☐ the front ☐ the foreground ☐ the background

7. *That's why* est synonyme de :

☐ because ☐ consequently ☐ for ☐ however

Exercices d'entraînement

2 Classez ces verbes et expressions de goût de ce que vous aimez à ce que vous aimez le moins.

1. love **2.** loathe **3.** enjoy **4.** be keen on

5. like **6.** hate **7.** dislike

3 **Complétez ce texte avec les liens logiques de la liste ci-dessous.**
however – that's why – in addition – indeed – on the contrary – unlike.

Vampires don't eat, ... they drink blood. They fear the sun, ... it could kill them, ... they only go out at night. .... vampires hate garlic and crucifixes. .... vampires, werewolves have no problem with garlic or crucifixes, ... they are afraid of silver.

4 **Associez ces mots et leur traduction.**

1. a disagreement	**a.** un personnage
2. an advertisement	**b.** haïr / détester
3. loathe	**c.** manifester
4. gorgeous	**d.** superbe
5. demonstrate	**e.** un désaccord
6. a character	**f.** une publicité

5 **Classez les liens logiques suivants selon leur emploi.**

yet – that's why – in addition – for example – as a consequence – whereas – though – for instance – moreover – in other words – unlike – indeed – for – therefore – consequently – although – however – to put it differently – nevertheless – because – on the contrary – similarly.

Exprimer la similarité	Reformuler	Donner des exemples
Renforcer	**Ajouter**	**Indiquer la cause**
Indiquer la conséquence	**Indiquer le contraste**	**Opposer**

6 Traduisez ces phrases.

1. J'ai lu un roman policier fascinant, la scène se passe dans une maison à côté d'un commissariat.

2. Je déteste les romans d'amour, à mon avis, les romans fantastiques sont plus stimulants.

3. Je ne suis pas d'accord avec toi, pour ma part, j'aime beaucoup les romans d'amour.

4. Je trouve ce tableau très beau. Cet oiseau dans le coin en haut à gauche est magnifique.

5. Je suis en partie d'accord avec toi, cependant, je préfère cette photo avec le chien à l'arrière-plan.

7 Reliez les mots suivants avec leur synonyme.

1. loathing	a. in addition
2. fancy	b. idolize
3. ordinary	c. sum up
4. treasure	d. hatred
5. worship	e. commonplace
6. summarize	f. have a crush on
7. moreover	g. cherish

Testez-vous !

p. 135

1. faux
2. faux
3. faux
4. vrai
5. vrai

Piège à éviter

Adore ne s'utilise que pour les personnes.

p. 137

1. headline
2. une photographie
3. in
4. in
5. un roman

p. 139

1. that's why
2. however
3. on the contrary
4. agree
5. moreover

Gagnez des points !

Unlike (contrairement à) oppose deux éléments et *whereas* oppose deux propositions.

Vérification des connaissances

1

1. attractive
2. enjoy oneself
3. un roman policier
4. the scene takes place
5. concur
6. the foreground
7. consequently

Rappel

The scene takes place
la scène se passe.

Exercices d'entraînement

2

1. love **3.** enjoy **4.** be keen on **5.** like
7. dislike **6.** hate **2.** loathe

> **Remarque**
> *Enjoy, be keen on* et *be fond of* sont à peu près équivalents et correspondent à aimer beaucoup.

3

Vampires don't eat, **however** they drink blood. They fear the sun, **indeed** it could kill them, **that's why** they only go out at night. **In addition** vampires hate garlic and crucifixes. **Unlike** vampires, werewolves have no problem with garlic or crucifixes, **on the contrary** they are afraid of silver.

4

1. a disagreement – **e.** un désaccord
2. an advertisement – **f.** une publicité
3. loathe – **b.** haïr / détester
4. gorgeous – **d.** superbe
5. demonstrate – **c.** manifester
6. a character – **a.** un personnage

> **Piège à éviter**
> *A pub* existe en anglais mais il s'agit d'un bar.

5

Exprimer la similarité	Reformuler	Donner des exemples
similarly	*in other words, to put it differently*	*for example, for instance*
Renforcer	**Ajouter**	**Indiquer la cause**
indeed	*in addition, moreover*	*for, because*
Indiquer la conséquence	**Indiquer le contraste**	**Opposer**
that's why, therefore, as a consequence, consequently	*yet, though, although, however, nevertheless*	*whereas, unlike, on the contrary*

6

1. I have read a fascinating detective story, the scene takes place in a house, next to a police station.

2. I hate / loathe love stories, in my opinion, fantastic novels are more stimulating.

3. I disagree / don't agree with you, for my part, I am keen on love stories.

4. I find this painting beautiful. This bird in the top left hand corner is magnificent.

5. I partially agree with you, however, I prefer this picture with the dog in the background.

> **Remarque**
> *I read* est possible mais le *present perfect* convient mieux, la lecture du livre a une conséquence présente : la personne va raconter l'histoire.

> **Rappel**
> *one story, two stories.*

7

1. loathing – **d.** hatred
2. fancy – **f.** have a crush on
3. ordinary – **e.** commonplace
4. treasure – **g.** cherish
5. worship – **b.** idolize
6. summarize – **c.** sum up
7. moreover – **a.** in addition

> **Remarque**
> Seul *worship* peut s'utiliser dans un contexte religieux. Il signifie alors vénérer.

CHAPITRE 10 École et société

1 Les métiers et les petits boulots

1 Les mots essentiels

L'astuce du prof
Job + *'s* = le magasin ou la boutique.

baker	boulanger	*the baker's* la boulangerie
bricklayer	maçon	
bus driver	chauffeur de bus	
butcher	boucher	*the butcher's* la boucherie
dealer	vendeur / distributeur	*car dealer* concessionnaire automobile
fishmonger	poissonnier	*the fishmonger's* la poissonnerie
grocer	épicier	*the grocer's* l'épicerie
hairdresser	coiffeur	*the hairdresser's* le salon de coiffure
manager	directeur	*a sales manager* un directeur des ventes
mechanic	mécanicien	*the garage* le garage
plumber	plombier	*plumb* examiner qqch très attentivement
postman	facteur	*a mailman* (US)
salesman / woman	vendeur(se)	
surgeon	chirurgien	
taxi driver	chauffeur de taxi	
waiter	serveur	*waitress* serveuse
salary / wages	salaire	
small jobs	petits boulots	
babysit	faire du babysitting	
cat sit / dog sit	garder des chats / des chiens	job : *cat-sitter, dog-sitter*
walk dogs	promener des chiens	job : *dog-walker*
do housework	faire du ménage	
do a paper round	distribuer des journaux	job : *paperboy, papergirl*
earn money	gagner de l'argent [travail]	*win money* gagner de l'argent [jeu]
work for...	travailler pour...	
mow the lawn	tondre la pelouse	*grass* herbe, *weeds* mauvaises herbes
pocket money	argent de poche	
rake dead leaves	ramasser les feuilles mortes	*rake* râteau
vacuum	passer l'aspirateur	*hoover* (GB)

Au Royaume-Uni, les adolescents à partir de 13 ans peuvent légalement travailler jusqu'à 17h par semaine.

2 Des mots en plus

cashier	caissier	
computer programmer	informaticien	
factory worker	ouvrier	[en usine]
flight attendant	hôtesse de l'air	*a flight* un vol
gardener	jardinier	*water the plants* arroser les plantes
greengrocer	marchand de fruits	
the greengrocer's	le marchand de fruits et légumes [magasin]	
newsagent	marchand de journaux	
the newsagent's	la boutique de journaux	
painter	peintre	
real estate agent	agent immobilier	
full time job	travail à temps plein	*work full time* travailler à plein temps
part time job	travail à temps partiel	*work part time* travailler à temps partiel
application	candidature	
apply for a job	poser sa candidature pour un emploi	
CV	curriculum vitae	*a résumé* [US]
get paid	être payé / rémunéré	
hire	engager / embaucher	*get hired* être engagé
fire	renvoyer	*get fired* être renvoyé
lay off	licencier	*get laid off* être licencié

Testez-vous !

Vrai ou faux ?

1. Les adolescents britanniques peuvent travailler 13 h par semaine à partir de 17 ans.
☐ vrai ☐ faux

2. *Lay off* et *fire* sont synonymes, ils signifient renvoyer ou licencier.
☐ vrai ☐ faux

3. Pour parler du salaire que l'on gagne, on emploie *win money*.
☐ vrai ☐ faux

4. *A dealer* est un criminel.
☐ vrai ☐ faux

5. Un des petits boulots consiste à garder des animaux domestiques.
☐ vrai ☐ faux

→ Réponses p. 158

2 L'environnement et la pollution

1 Les mots essentiels

carbon dioxyde	dioxyde de carbone	
endanger	mettre en danger	syn : *jeopardize*
endangered species	espèces en danger	*Species* est invariable.
threaten	menacer	*a threat* une menace
greenhouse effect	effet de serre	
greenhouse gas	gaz à effet de serre	
pollution	pollution	*pollute* polluer
dispose of	se débarrasser de	syn : *get rid of*
release	relâcher / libérer	aussi sortir un disque / un livre
toxic waste	déchets toxiques	*waste* gaspiller
traffic	trafic routier	*traffic jam* un bouchon
global warming	réchauffement climatique	
ozone layer	couche d'ozone	*the hole in the ozone layer* le trou de la couche d'ozone
underground water	nappes phréatiques	
climate change	changement(s) climatique(s)	*Change* est invariable.
rise of the water levels	hausse du niveau des mers	
flood	inondation	
sustainable develop-ment	développement durable	
electric cars	voitures électriques	*hybrid cars* voitures hybrides
solar energy	énergie solaire	
solar panels	panneaux solaires	
wind energy	énergie éolienne	syn : *windpower*
recycle	recycler	*recycling* recyclage
improve	améliorer	*improvement* amélioration
ensure	assurer	
environment	environnement	
protect	protéger	
public transports	transports en commun	
increase	augmenter	
decrease	réduire / diminuer	syn : *reduce*
ecology	écologie	
biodiversity	biodiversité	

2 Des mots en plus

rainforest	forêt tropicale	
deforestation	déforestation	
pesticides	pesticides	
fertilizers	engrais	
nitrate	nitrate	
drought	sécheresse	syn : *aridity, dryness*
earthquake	tremblement de terre	
melt	fondre	*melting* fonte
icecap	calotte glacière	
organic products	produits bio	
conference	conférence	*the Copenhagen conference / summit*
treaty	traité	*the Kyoto treaty*
fair trade	commerce équitable	
living conditions	conditions de vie	
smart growth	urbanisation intelligente	

Testez-vous !

Donnez la traduction des mots et expressions suivants.

1. *endangered species* :
- ☐ des épices dangereuses
- ☐ une espèce en danger
- ☐ une spécialité en danger

2. *improve* :
- ☐ améliorer ☐ augmenter
- ☐ approuver

3. *release* :
- ☐ relire ☐ libérer ☐ recycler

4. *organic* :
- ☐ organisme ☐ organiser ☐ bio

5. *solar panels* :
- ☐ des soles pannées
- ☐ des panneaux solaires
- ☐ des sols abîmés

→ Réponses p. 158

3 La consommation et la santé

1 Les mots essentiels

consumption	consommation	
consume	consommer	
shop	faire du shopping	aussi un magasin
shopping mall	centre commercial	
supermarket	supermarché	
buy	acheter	syn : *purchase*
sell	vendre	*sales* soldes
expensive	cher	*expenditures* dépenses
cheap	bon marché	
cost	coûter	*the cost* le coût
need	avoir besoin	aussi un besoin
credit	crédit	*borrow* emprunter
loan	prêt	*lend* prêter
real estate	immobilier	*real estate agent* agent immobilier
essential	essentiel	syn : *vital, necessary*
superfluous	superflu	syn : *unnecessary*
waste	gaspiller	
save money	économiser	*savings* économies
health	santé	
heal	soigner	syn : *cure*
medicine	médicament	
recover from	se remettre de	
doctor	docteur	
surgeon	chirurgien	La plupart des noms de métiers ne changent pas, qu'ils soient exercés par un homme ou une femme.
nurse	infirmier	
the physiotherapist	kiné	
chemist	pharmacien	*pharmacist* (US)
the chemist's	la pharmacie	
illness	maladie	syn : *disease*
suffer	souffrir	*suffer from* souffrir de
flue	grippe	
heart attack	crise cardiaque	
cancer	cancer	
AIDS	SIDA	*virus* virus
lethal	fatal	
die	mourir	*death* la mort, *the dead* les morts

2 Des mots en plus

auction	vente aux enchères	
bid	enchère	*the highest bidder* le plus offrant
a bargain	affaire	[avoir fait une affaire]
purchase power	pouvoir d'achat	
live beyond one's means	vivre au dessus de ses moyens	
mortgage	hypothèque	
bank account	compte bancaire	
financial crisis	crise financière	
healthcare	services médicaux	
pills	pilules	
syrup	sirop	
injection	piqûre	*give an injection* faire une piqûre
social security	Sécurité sociale	
well-being	bien-être	
spread	(se) répandre	
contaminate	contaminer	*contamination* contamination
old age	vieillesse	
heart condition	problèmes cardiaques	
withdraw money	retirer de l'argent	
lodge money	mettre de l'argent sur un compte	

Testez-vous !

Cochez la bonne réponse.

1. Trouvez le synonyme de *illness* :
☐ sufferance ☐ disease ☐ flue

2. *Purchase* signifie :
☐ acheter ☐ pourchasser
☐ chasser

3. *Chemist* signifie :
☐ médicament ☐ pharmacien
☐ produit chimique

4. *Shopping mall* signifie :
☐ un magasin de malles
☐ un sac de courses
☐ un centre commercial

5. *Sales* signifie :
☐ des salles des ventes
☐ les soldes
☐ vendre

→ Réponses p. 158

Écrire une lettre de motivation

Ashlin Harrison
36 High Street
Maidstone

Dear Sir or Madam

I am writing in response to your ad for a job as an animal carer in your zoo. My name is Ashlin Harrison, I am 21 and I am a student in second year at Rochester Vet School.

I am interested in this job because I would like to become a vet. I love animals, I am keen on taking care of them. I particularly enjoy feeding animals, therefore I think working in your zoo would be an enriching experience.

I have already worked with animals. My parents have a farm, therefore I am used to taking care of cows, pigs, horses and hens. I have also worked with a vet in Maidstone. I helped him with the feeding of the animals and the cleaning of their cages. He also gave me some notions in animal medication. In addition, in my first year at Rochester Vet School, I attended a training course in a circus where I fed the lions and took care of the elephants so I have experience with wild animals too.

I am rather gentle, very patient and concerned by the well-being of animals. I am extremely motivated and I am ready to work hard and I am available at weekends.

Thank you for reading this letter.

Sincerely

Ashlin Harrison

- Commencez par expliquer pourquoi vous écrivez

I am writing in response to: j'écris en réponse à …
I am writing because I saw your ad for a job as a …: **j'écris car j'ai vu votre annonce pour un emploi de …**

- Présentez-vous brièvement

Nom : Ashlin Harrison
Âge : n'oubliez pas, l'âge se dit avec *be* : *I am 21 (years old).*
Votre situation actuelle (emploi / études…) : n'oubliez pas l'article *a*

*I am **a** student at …*: je suis étudiant(e) à …
*I am **a** vet* : je suis vétérinaire

- Expliquez pourquoi vous êtes intéressé(e) par cet emploi

– **Ce que vous aimez** : utilisez des verbes et expressions de goûts aussi variés que possible : *I love animals, I am fond of farm animals.*

– **Ce que vous aimez faire** : verbe de goût + verbe avec *ing* = nom de l'activité.
Feed : nourrir → *I particularly enjoy **feeding** animals.*

- Parlez de votre expérience

– **Parlez de ce que vous avez déjà fait** : utilisez le *present perfect*, pour insister sur ce que vous avez retiré d'une expérience, sur le fait que vous avez acquis des compétences ou un savoir.
I have already worked with animals [...] I have also worked with a vet. Conséquence : Ashlin a déjà un savoir et des compétences concernant les animaux.

– **Attention si vous indiquez une date :** c'est le prétérit qu'il faut utiliser :
*[...] in my first year at Rochester Vet School, I **attended** a training course in a circus where I **fed** the lions and took care of the elephants.*

- Parlez de vos compétences et de votre motivation

– **Vos compétences :** utilisez des adverbes de degré aussi variés que possible :
*I am **rather** gentle, **very** patient* : Je suis **plutôt** doux, **très** patient

– **Votre motivation :**
I am extremely motivated : je suis extrêmement motivé(e)
I am ready to work hard : je suis prêt(e) à travailler dur
I am available at/in : je suis disponible le...

Les adverbes de dégré se placent avant l'adjectif qu'ils modifient.

Vérification des connaissances

1 Cochez les bonnes réponses.

1. « Effet de serre » se dit :

- ☐ greenhouse effect
- ☐ gas effect
- ☐ warming effect
- ☐ global effect

2. Quel verbe signifie à la fois diffuser, relâcher et libérer :

- ☐ free
- ☐ liberate
- ☐ release
- ☐ spread

3. *A chemist* est :

- ☐ un chimiste
- ☐ un produit chimique
- ☐ un pharmacien
- ☐ un fabriquant de chemises

4. « Argent de poche » se dit :

- ☐ pocket money
- ☐ pocket salary
- ☐ pocket wages
- ☐ pocket currency

5. Le « manque de drogue » se dit :

- ☐ lack
- ☐ withdrawal
- ☐ missing
- ☐ need

6. Comment dit-on « le plus offrant » ?

- ☐ the highest bidder
- ☐ the biggest giver
- ☐ the tallest offerer
- ☐ the strongest giver

7. Le « pouvoir d'achat » se dit :

- ☐ buying power
- ☐ buy power
- ☐ purchasing power
- ☐ purchase power

Exercices d'entraînement

2 Associez ces mots avec leur synonyme et leur traduction.

1. buy	**a.** ban	**I.** menacer
2. endanger	**b.** drought	**II.** se débarrasser de
3. dispose of	**c.** threaten	**III.** interdire
4. reduce	**d.** purchase	**IV.** soigner
5. aridity	**e.** cure	**V.** bon marché

6. forbid	**f.** not expensive	**VI.** diminuer
7. heal	**g.** get rid of	**VII.** sécheresse
8. cheap	**h.** decrease	**VIII.** acheter

3 Complétez ce texte avec les mots de la liste ci-dessous.
manager – get hired – get fired – salary – car dealer – mechanic – savings – apply for – financial crisis –manager – sell – garage

When he was young, Edward .... as a .... in a .... He loved fixing cars, but after some time, he started thinking that his .... wasn't good enough, so he .... a job as a .... and got hired again. He was very good and .... many cars. However, as a consequence of the ...., Edward .... So Edward gathered all his .... and he became the .... of his own garage.

4 Retrouvez les intrus parmi ces séries de mots.

1. solar energy – recycle – waste – windpower – organic products

2. pocket money – salary – wages – spend – earnings

3. loan – sell – purchase – credit – consumption

4. illness – heal – cure – medicine – surgeon

5. physiotherapist – waiter – chemist – nurse – doctor

5 Traduisez ces phrases.

1. Bob travaille à plein temps pour un boucher et pendant son temps libre, il aide les pompiers.

2. Susan travaille chez un marchand de journaux. Elle gagne 15 £ par semaine et distribue les journaux tous les matins.

3. Le changement climatique provoquera des catastrophes naturelles, par exemple des inondations à cause de la hausse du niveau des mers.

4. Nous devons protéger l'environnement et assurer de bonnes conditions de vie à nos enfants.

5. Malgré son grand âge, M. Smith est en bonne santé, il ne souffre pas de problèmes cardiaques.

Testez-vous !

p. 149

1. faux → Ils peuvent travailler 17h par semaine à partir de 13 ans.

2. vrai

3. faux → *win money* : gagner de l'argent au jeu ; *earn money* : gagner de l'argent par son travail.

4. faux

5. vrai

p.151

1. une espèce en danger

2. améliorer

3. libérer

4. bio

5. des panneaux solaires

p. 153

1. disease

2. acheter → Pourchasser se dit *chase.*

3. pharmacien

4. un centre commercial

5. les soldes

Vérification des connaissances

1

1. greenhouse effect

2. release

3. un pharmacien

4. pocket money

5. withdrawal

6. the highest bidder

7. purchase power

> **Rappel**
> *Release* fonctionne pour libérer une substance ou quelqu'un, relâcher un prisonnier ou sortir un album.

Exercices d'entraînement

2

1. buy	**d.** purchase	**VIII.** acheter
2. endanger	**c.** threaten	**I.** menacer
3. dispose of	**g.** get rid of	**II.** se débarrasser de
4. reduce	**h.** decrease	**VI.** diminuer
5. aridity	**b.** drought	**VII.** sécheresse
6. forbid	**a.** ban	**III.** interdire
7. heal	**e.** cure	**IV.** soigner
8. cheap	**f.** not expensive	**V.** bon marché

Gagnez des points

Ils ont également pour synonyme *ban*.

3

When he was young, Edward **got hired** as a **mechanic** in a **garage**. He loved fixing cars, but after some time, he started thinking that his **salary** wasn't good enough, so he **applied for** a job as a **car dealer** and got hired again. He was very good and **sold** many cars. However, as a consequence of the **financial crisis**, Edward **got fired**. So Edward gathered all his **savings** and he became the **manager** of his own garage.

4

1. waste : gaspiller alors que les autres mots indiquent un respect de l'environnement.

2. spend : il signifie dépenser alors que les autres mots font référence aux recettes / gains.

3. sell : vendre, tous les autres mots désignent des actions liées à l'achat.

4. illness : maladie, tous les autres mots font référence à l'idée de soin.

5. waiter : il signifie « serveur » alors que les autres métiers appartiennent au domaine de la santé.

5

1. Bob works full time for a butcher and during his spare time, he helps the firemen.

2. Susan works at a newsagent's. She earns £15 a week and does a paper round every morning.

3. Climate change will provoke natural catastrophies, for example / for instance floods because of the rise of the water levels.

4. We must / have to protect the environment and ensure good living conditions to our children.

5. In spite of / Despite his old age, Mr Smith is in good health, he doesn't suffer from a / any heart condition.

CHAPITRE 11 Voyages et migrations

1 Les loisirs et les voyages

1 Les mots essentiels

L'astuce du prof
verbe + *-ing* = activité
swimming = la natation

leisures	loisirs	
climb rocks	faire de l'escalade	*rock climbing* l'escalade
dance	danser	*dancing* la danse
draw	dessiner	*drawing* le dessin, *a drawing* un dessin
email someone	envoyer un mail à qqn	
DIY	bricolage	DIY = *Do It Yourself*
hike	faire de la randonnée	*hiking* la randonnée
paint	peindre	*painting* la peinture, *a painting* un tableau
play the drums	jouer de la batterie	*play* + *the* + instrument jouer d'un instrument
play hockey	jouer au hockey	*play* + sport jouer à un sport
play videogames	jouer aux jeux vidéos	*play online* jouer en ligne
practice	entraînement	
practise	s'entraîner	
ride a horse	monter à cheval	*horse-riding* l'équitation
spare time	temps libre	
travel	voyager	*travel the world* faire le tour du monde
journey	long voyage	aussi un trajet
trip	voyage	aussi une excursion
buy souvenirs	acheter des souvenirs	*a memory* un souvenir [mémoire]
change money	changer de l'argent	
currency	monnaie	
drive to…	aller en voiture à…	Les verbes de mouvement indiquent le déplacement, la manière ou le moyen de transport utilisé.
flight	vol	
fly to…	aller en avion à…	
go camping	faire du camping	
ID card	carte d'identité	*passport* passeport
luggage	bagages	*Luggage* est indénombrable.
pack	faire les bagages	
sightseer	touriste	syn : *a tourist*
souvenir shop	magasin de souvenirs	
spend money	dépenser de l'argent	*spend time* passer du temps
stay in a hotel	loger à l'hôtel	
suitcase	valise	*backpack* sac à dos
visit	visiter	*visit someone* rendre visite à qqn
walk to…	aller à … à pied	

2 Des mots en plus

entertainment	divertissement	
go for a walk	faire une promenade	
travel abroad	voyager à l'étranger	
border	frontière	
custom	douane	*custom officer* un douanier
foreign country	pays étranger	*foreigner* un étranger
last	durer	syn : *take* + durée prendre + durée
go sightseeing	faire du tourisme	
bungee jumping	saut à l'élastique	
go on a cruise	partir en croisière	*do a cruise* faire une croisière
sail	faire de la voile	*sailing* la voile
sail to...	aller en bateau à	
dive	plonger	*diving* plongeon [acrobatique]
scuba diving	plongée [sous-marine]	

Faux-ami : *A stranger* un inconnu.

SCUBA = Self-Contained Underwater Breathing Apparatus (appareil de respiration sous-marine auto-contenu).

Testez-vous !

Vrai ou faux ?

1. An Englishman in New York is a stranger.
☐ vrai ☐ faux

2. You can sail from Calais to Dover in a ferry.
☐ vrai ☐ faux

3. On dit *play guitar* mais *play the football.*
☐ vrai ☐ faux

4. En anglais, « s'entraîner » et « entraînement » s'écrivent pareil.
☐ vrai ☐ faux

5. *A souvenir* n'a rien n'a voir avec la mémoire.
☐ vrai ☐ faux

→ Réponses p. 168

2 Le racisme et la violence

1 Les mots essentiels

racism	racisme	*racist* raciste
race	race	*racial* racial(e)
segregation	ségrégation	
discrimination	discrimination	
be segregated against	subir la ségrégation	
be discriminated against	subir la discrimination	
exclusion	exclusion	*exclude* exclure
forbid	interdire	syn : *prohibit, ban*
undergo	subir	
equal	égal / égaux	
right	droit	*have the right to* avoir le droit de
tolerance	tolérance	*open-mindedness* ouverture d'esprit
diversity	diversité	
ethnic	ethnique	
difference	différence	
integration	intégration	*integrate* intégrer
prevention	prévention	*preventive action* action préventive
immigration	immigration	*immigrate* immigrer
violence	violence	*violent* violent
provoke	provoquer	*trigger* déclencher
physical violence	violence physique	*verbal violence* violence verbale
insult	insulter	*an insult* une insulte
criminality	criminalité	*petty criminality* petite criminalité
juvenile crime	délinquance	
organised crime	crime organisé	
weapon	arme	
gun	arme à feu	aussi pistolet, pistolet mitrailleur, fusil
gun-related	lié aux armes à feu	*gun-related crimes*
thief	voleur	*steal* voler
drug	drogue	
drug dealer	dealer	
drug addict	personne dépendante	*TV addict* accroc à la télévision
withdrawal	manque	*be in a state of withdrawal* être en manque
a murder	meurtre	*murderer* meurtrier
repression	répression	
security	sécurité	[mesures de protection]
safety	sécurité	[être en sécurité]
education	éducation	

> *Segregation* et *discrimination* ne sont pas obligatoirement liés à la notion de race, il faut préciser *racial segregation, racial discrimination.*

> Irrégulier : *underwent, undergone.*

unemployment	chômage	
prison	prison	*jail* (US)

2 Des mots en plus

xenophobia	xénophobie	*xenophobic* xénophobe
be prejudiced against	avoir des préjugés contre	
multiculturalism	multiculturalisme	*multicultural* multicuturel
minority	minorité	
alien	immigré clandestin	péjoratif
quota	quota	
fundamentalism	intégrisme	
fundamentalist	intégriste	
slavery	esclavage	
slave	esclave	
slave trade	commerce des esclaves	
abolish	abolir	*abolition* abolition
burglary	cambriolage	
burglarize	cambrioler	
burglar	cambrioleur	
break into	entrer par effraction	convient pour un système informatique
assault	agression	aussi agresser
homeless person	SDF	
homelessness	le fait d'être sans domicile	

Fundamentalism n'est pas lié à une religion en particulier, il faut préciser : *Christian fundamentalism, Muslim fundamentalism, Protestant fundamentalism*, etc.

Testez-vous !

Cochez la bonne réponse.

1. Ouverture d'esprit se dit :
☐ tolerance ☐ open-mindedness
☐ understanding

2. Avoir des préjugés contre se dit :
☐ be segregated against
☐ be discriminated against
☐ be prejudiced against

3. Trouvez le synonyme de *forbid*.
☐ ban ☐ allow ☐ oblige

4. Trouvez l'intrus.
☐ weapon ☐ thief ☐ gun

5. Le fait d'être en sécurité se dit :
☐ safety ☐ security ☐ safeness

→ Réponses p. 168

Écrire une lettre, parler de soi

Steve Mc Loughlin
46 Northland Road
Derry
Co. Derry, Northern Ireland

Dear Noemie

My name is Steve Mc Loughlin, we will be penfriends this year and our teacher asked us to present ourselves because this is the first letter we are writing.

I am 13 years old, I am quite tall and I am rather athletic. I have got long red hair and green eyes. I also have freckles. My friends say that I am good fun but that I am sometimes too talkative.

My father's name is Sean, he is a math teacher in my school. He is rather cool but he can be very strict. My mother is called Ashlin and she owns a flowershop in town. I have two brothers. They are twins, their names are Darragh and Derek. They are totally crazy, they joke all the time, they are just like the Weasley twins in Harry Potter, except they have blond hair. That's all for my family. Oh, I forgot, I also have a cat named Sherlock and a dog named Moneypenny, she's a golden retriever. We live in a big house in Derry, we have six bedrooms and two bathrooms.

I love sport, because it's exciting and good for health. I play rugby in the school team. I enjoy hiking, I particularly love taking walks on the seaside. Apart from that, I like reading, especially science fiction and detective stories because I find them more interesting and because they stimulate the imagination. I am also keen on films, I love going to the cinema. I am fond of videogames too, especially sports games like racing cars or football simulations. I like rock music but I hate rap. My favourite bands are Greenday and Muse but I also like older artists like Jimmy Hendrix or Led Zeppelin. I take guitar lessons, I am not very good yet but I can play a few songs. I can speak Spanish a little and I can speak French quite well (I think).

Well, that's all for now. I hope I will have news from you soon and that we will get along well.

See you

Steve

• Présentez-vous, décrivez-vous :

– **Utilisez *be*** pour tous les éléments de la description qui se mesurent.
L'âge : *I am 13 years old.*
La taille : *I am quite tall.*
Le poids/la corpulence : *I am rather athletic.*
Les qualités et les défauts : *I am good fun ; He is rather cool ; They are very funny.*

– **Utilisez *have*** pour les traits du visages ou les parties du corps.
I have got long red hair and green eyes. I also have freckles.

Utilisez des adverbes quand vous parlez de qualités, de défauts, que vous décrivez ou que vous parlez de vos capacités : *very, rather, quite, too, particularly, especially.*

• Parlez de votre famille, de votre vie quotidienne, et de vos habitudes :

Le présent simple sert pour les vérités générales et les habitudes :
Métier : *She owns a flowershop in town.*
Elle (sa mère) tient un magasin de fleurs en ville.
Résidence : *We live in a big house in Derry.* Nous habitons une grande maison à Derry.
Habitudes : *They joke all the time.* Ils (les jumeaux) plaisantent tout le temps.

• Parlez de vos goûts et de vos capacités :

– **Ce que vous aimez** → Utilisez des verbes et expressions de goûts aussi variés que possible :

I love sport
I am rather keen on films
I am fond of videogames
I like rock music
I hate rap

Expliquez pourquoi vous aimez ou n'aimez pas quelque chose.
I love sport, because it's exciting and good for health. J'aime le sport parce que c'est excitant et bon pour la santé.

– **Ce que vous aimez faire** → Verbe + *-ing* = nom de l'activité.
Read lire = *reading* (la lecture). *I like reading.* J'aime lire.

– **Les capacités** → Utilisez l'auxiliaire *can* (pouvoir / savoir) :
I can speak Spanish a little and I can speak French quite well. Je parle un peu espagnol et je parle assez bien français.

Vérification des connaissances

1 Cochez les bonnes réponses.

1. Brazil is…

☐ a stranger country ☐ an abroad country ☐ a foreign country ☐ an away country

2. « Plongée sous-marine » se dit :

☐ underwater swimming ☐ scuba swimming ☐ underwater diving ☐ scuba diving

3. La « frontière » se dit :

☐ custom ☐ limit ☐ frontier ☐ border

4. Find the synonym for « racism » :

☐ slavery ☐ segregation ☐ xenophobia ☐ discrimination

5. Comment se dit « un immigré clandestin » ?

☐ a stranger ☐ an undocumented ☐ an alien ☐ a foreigner

6. Comment dit-on « une monnaie » ?

☐ currency ☐ money ☐ coinage ☐ minting

7. Comment dit-on « intégrisme » ?

☐ integrism ☐ fundamentalism ☐ integration ☐ religionism

Exercices d'entraînement

2 Associez ces loisirs avec leur traduction.

1. DIY	**a.** le saut à l'élastique
2. climb rocks	**b.** faire de la voile
3. hike	**c.** l'escrime
4. bungee jumping	**d.** faire de la randonnée
5. fencing	**e.** le bricolage
6. sail	**f.** faire de l'escalade

3 **Retrouvez les intrus parmi ces séries de mots.**

1. open-mindedness – discrimination – segregation – racism

2. multiculturalism – exclusion – diversity – tolerance

3. hiking – climbing – walking – drawing

4. sightseeing – visiting – travelling – observing

5. a burglar – a thief – a murderer – a slave

4 **Complétez ce texte avec les mots de la liste ci-dessous.**

went on a trip – memory – spent – travelling –souvenirs – passport – scuba-diving – sailing – swimming – custom – suitcase – border

Sam loves .... for the holiday. For example, last year, he .... to the Carribean with his family. They .... two weeks in a three-star hotel. They went ... with the dolphins, they did .... on a small boat and they even went ... to observe the exotic fish. They bought many .... It was a fantastic trip, the only bad .... they have is the .... at the .... Sam's son, Bobby, had lost his .... Fortunately he found it, it was at the bottom of his ..., under all his clothes.

5 **Traduisez ces phrases.**

1. Je m'entraîne à la sculpture et j'adore visiter des musées.

2. J'aime voyager à l'étranger. Je suis déjà allé à New York en avion, j'ai fait un tour guidé en bus là-bas. Je suis aussi allé en Angleterre en ferry et au Danemark en voiture.

3. L'esclavage a été aboli mais la xénophobie et la ségrégation raciale existent encore.

4. L'immigration augmente dans le monde à cause des guerres et de la crise, malheureusement, cela provoque de plus en plus de racisme.

Testez-vous !

p. 161

1. faux → *a stranger* : un inconnu ; *a foreigner* : un étranger.
2. vrai
3. faux
4. faux
5. vrai

p.163

1. open-mindedness
2. be prejudiced against
3. ban
4. thief
5. safety

Vérification des connaissances

1

1. a foreign country
2. scuba diving
3. border
4. xenophobia
5. an alien
6. a currency
7. fundamentalism

Remarque

Alien est un terme péjoratif.

Remarque

fundamentalism n'est pas lié à une religion en particulier, il faut préciser : *Christian fundamentalism, Muslim fundamentalism, Protestant fundamentalism*, etc.

Exercices d'entraînement

2

1. DIY – **e.** le bricolage
2. climb rocks – **f.** faire de l'escalade
3. hike – **d.** faire de la randonnée
4. bungee jumping – **a.** le saut à l'élastique
5. fencing – **c.** l'escrime
6. sail – **b.** faire de la voile

3

1. open-mindedness : il est lié à l'idée d'ouverture, les autres mots font référence au racisme.

2. exclusion : les autres mots appartiennent au domaine de la tolérance de l'autre.

3. drawing : il signifie « le dessin » alors que les autres mots sont des loisirs de pleine nature.

4. travelling : il signifie « voyager » alors que les autres font référence au fait de visiter des lieux.

5. a slave : il signifie « esclave » alors que les autres mots font référence à différents criminels.

Rappel

On s'entraîne dans une activité et on aime une activité, on utilise donc les noms verbaux *sculpting* et *visiting*, de même pour *travelling* dans la phrase 4.

4

Sam loves **travelling** for the holiday. For example, last year, he **went on a trip** to the Carribean with his family. They **spent** two weeks in a three-star hotel. They went **swimming** with the dolphins, they did **sailing** on a small boat and they even went **scuba-diving** to observe the exotic fish. They bought many **souvenirs.** It was a fantastic trip, the only bad **memory** they have is the **custom** at the **border**. Sam's son, Bobby, had lost his **passport**. Fortunately he found it, it was at the bottom of his **suitcase**, under all his clothes.

5

1. I practise sculpting everyday and I love visiting museums.

2. I love travelling abroad. I have already flown to New York, I went on a guided tour there. I have also sailed been to England in a ferry and I have driven to Denmark.

3. Slavery was abolished / has been abolished but xenophobia and racial segregation still exist.

4. Immigration is increasing / is on the increase all over the world because of wars and the crisis, unfortunately, it triggers / provokes more and more racism.

CHAPITRE **12** Rencontres avec d'autres cultures

1 La description physique

1 Les mots essentiels

head	tête	*take the lead* prendre la tête d'une course
face	visage	*make a face* faire une grimace
ears	oreilles	Ø *jug ears* des oreilles décollées
eyebrows	sourcils	Ø *bushy eyebrows* des sourcils broussailleux
eyes	yeux	*eyesight* vision, vue
eyelids	paupières	
nose	nez	
mouth	bouche	convient aussi pour la gueule des animaux
lips	lèvres	
tooth	dent	Pluriel irrégulier : *one tooth, two teeth.*
hair	cheveux	*a hair* un poil
black / dark	noir	
blond	blond	Les adjectifs composés se forment : **longueur/couleur/texture - partie du corps ou de l'objet + *ed* + nom.** *A long brown haired woman* Une femme aux cheveux longs et bruns.
brown	brun	
red	roux	
short	court	
long	long	
body	corps	
chest	torse	
arm	bras	*keep someone at arm's length* garder ses distances avec qqn
wrist	poignet	
hand	main	*give a hand* donner un coup de main
finger	doigt	*cross fingers* croiser les doigts
stomach	ventre	syn : *belly*
waist	taille	*height* [hauteur] *size* [taille d'un vêtement] — *He wears a belt around his waist. What's the height of the tower ? What's the size of your dress ?*
buttocks / bottom	fesses	*from top to bottom* de fond en comble
legs	jambes	
knees	genoux	
ankle	cheville	
foot	pied	Pluriel irrégulier : *one foot, two feet.*
toe	orteil	
big	costaud	
fat	gros	*the fat* la graisse

slim	mince	
skinny	maigre	
small	petit	*small change* de la petite monnaie
strong	fort	*be good at…* être fort en…
tall	grand	
thin	fin	

2 Des mots en plus

beard	barbe	
cheeks	joues	*cheeky* (adj) effronté
elbow	coude	*at one's elbow* à portée de main
freckles	taches de rousseur	*mole* grain de beauté
neck	cou	*neck and neck* au coude à coude
shoulder	épaule	
skin	peau	
tongue	langue	*What a tongue in cheek!* Mais quelle ironie !
a blue-eyed girl	fille aux yeux bleus	
wiry	sec, nerveux	
muscular	musclé	
overweight	en surpoids	
plump	rondouillard	
stocky	trapu	

Testez-vous !

Cochez la bonne réponse.

1. Roger Federer couldn't finish the match because he twisted his… .
☐ neck ☐ toe ☐ ankle

2. He lost two … during the last round.
☐ teeth ☐ tooths ☐ toothes

3. "Follow my voice. You want to sleep. You are tired. Your … are heavy, very heavy."
☐ eyelids ☐ eyes ☐ eyelashes

4. He is a small man, but with strong shoulders. In other words, he is… .
☐ plump ☐ skinny ☐ stocky

5. My cousin looks like Joe Dalton, he is…
☐ a short leg man
☐ a short-legged man
☐ a shorted-legged man

→ Réponses p. 181

2 Les lieux et les objets

1 Les mots essentiels

apartment	appartement	syn : *a flat* (GB)
house	maison	*home* le foyer, chez moi
bathroom	salle de bain	
bathtub	baignoire	*take a bath* prendre un bain
shower	douche	*take a shower* prendre une douche
toilets	toilettes	
bed	lit	*bunk beds* lits superposés
bedroom	chambre	*my room* ma chambre
make one's bed	faire son lit	
tidy one's room	ranger sa chambre	
cupboard	placard	*wardrobe* une armoire
living room	salon	
dining room	salle à manger	
set / clear the table	mettre / débarrasser la table	
fridge	réfrigérateur	
kitchen	cuisine	*kitchen garden* potager
oven	four	*microwave* four micro-ondes
cook	cuisiner	
cooker	cuisinière	*a cook* un cuisinier
wash up	faire la vaisselle	*dishwasher* lave-vaisselle
do the laundry	laver le linge	*washing machine* machine à laver
garage	garage	*a garage sale* un vide-grenier
put the dustbin out	sortir les poubelles	syn : *take out the garbage / trash*
roof	toit	*the rooftops* toits [de la ville]
stairs	escaliers	
wall	mur	
window	fenêtre	
street	rue	
library	bibliothèque	Faux ami : librairie se dit *bookshop*.
police station	commissariat	*fire station* caserne de pompiers
shop	magasin	
airport	aéroport	
bus stop	arrêt de bus	*bendy bus* bus à accordéon
train station	gare	
underground	métro	*The tube* à Londres, *the subway* à New York.
ticket	billet	*a train ticket, a bus ticket, a plane ticket*
basement	sous-sol	
stairwell	cage d'escalier	

2 Des mots en plus

attic	grenier	
cellar	cave	*basement* sous-sol
double decker	bus à deux étages	*route master* vieux bus de Londres
groundfloor	rez de chaussée	
first floor	premier étage	Attention en anglais US : *first floor* rez-de-chaussée, *second floor* premier étage.
second floor	deuxième étage	
lift	ascenseur	*an elevator* (US)
study	bureau	*office* [pièce] *desk* [meuble]
pedestrian walkway	passage piéton	
pavement	trottoir	*sidewalk* (US)
shopping mall	centre commercial	*shopwindow* vitrine
traffic light	feu tricolore	
street light	lampadaire	

Testez-vous !

Cochez la bonne réponse.

1. "You can't cross the street here, use the …!" "Yes officer."
☐ pavement ☐ double decker
☐ pedestrian walkway

2. I am English but I live in New York, I mix up the second floor and the …!
☐ groundfloor ☐ third floor
☐ fourth floor

3. The best place to store your best bottles of wines is in the… .
☐ attic ☐ cave ☐ cellar

4. The … is broken! I can't even make spaghetti!
☐ cook ☐ cooker ☐ cookie

5. The route masters are… .
☐ double decker buses
☐ bendy buses
☐ a street gang

→ Réponses p. 181

3 La communication et la technologie

1 Les mots essentiels

communication	communication	*communicate* communiquer
pen	stylo	*fountain pen* stylo plume
letter	lettre	
postcard	carte postale	
send	envoyer	
receive	recevoir	
post office	poste	
address	adresse	*email address* adresse mail
internet	Internet	
web	la toile	aussi toile d'araignée
world wide web	réseau mondial	initiales **www**
surf the web	surfer sur Internet	
webpage	page web	*website* site Internet
network	réseau	aussi le filet
email	e-mail	
email someone	envoyer un e-mail à qqn	
online	en ligne	
chat	chat	à l'école : *chat* bavarder
multimedia	multimédia	
videogame	jeu vidéo	
computer	ordinateur	
system	système	
keyboard	clavier	*key* une touche
button	bouton	
screen	écran	*flat screen* écran plat
floppy disc	disquette	
mouse	souris	
click	cliquer	*press* appuyer
left / right click	clic gauche / droit	
double click	double-cliquer	
next	suivant	
previous	précédent	
cancel	annuler	aussi pour un train, un vol
save	sauvegarder	
delete	effacer	syn : *erase*
data	des données	
file	un fichier	
folder	un dossier	

open	ouvrir	contr : *close*
download	télécharger	*upload* mettre sur Internet
hacker	pirate informatique	
virus	virus	
phone	téléphone	aussi téléphoner
call	appeler	*a (phone)call* un appel
a mobile phone	téléphone mobile	
contact	contacter	
keep in touch	rester en contact	
everywhere	partout	
text someone	envoyer un sms à qqn	*a text* un sms
parental control	contrôle parental	
lock	verrouiller	
private life	vie privée	syn : *privacy*

2 Des mots en plus

connect	se connecter	syn : *log on, access*
grant access	accorder l'accès	contr : *deny* refuser
game addict	accroc aux jeux	
new technologies	nouvelles technologies	
cutting-edge technology	technologie de pointe	
computer programmer	ingénieur informatique	
central processing unit	unité centrale	initiales ***CPU***
motherboard	carte mère	
hard disk drive	disque dur	initiales ***HDD***
search engine	moteur de recherche	
internet access provider	fournisseur d'accès Internet	syn : *internet service provider*
cybercriminality	cyber criminalité	

Testez-vous !

Complétez ces phrases.

1. I can't save anything on my …
☐ motherboard ☐ data
☐ hard disc drive

2. If you want to stop, click on …
☐ previous ☐ next ☐ cancel

3. If you can't connect to the internet, contact your…
☐ hacker ☐ central processing unit
☐ internet service provider

4. Internet may be dangerous for your …
☐ privacy ☐ virus ☐ search engine

5. Certain artists allow fans to … songs for free.
☐ download ☐ delete ☐ previous

→ Réponses p. 181

NYC TOWER

Freedom Tower Update: the eighth anniversary of 9/11 approaches, construction of the Freedom Tower continues to move forward. Parts of the National September 11 Memorial, which will be located elsewhere on a 16-acre site, should be finished by 2011.

Both structures have been the subject of some debate, but public perception of them is improving, and developers remain confident that their work will act as a fitting tribute to the victims of 9/11.

The Freedom Tower is due to be completed in 2013.

The New York City Freedom Tower, which will stand 1,776 feet tall on the site of the former World Trade Center, is the work of the Lower Manhattan Development Corporation. It will serve as a beacon of freedom, and demonstrate the resolve of the United States, and the people of New York City.

Construction on the tower, which will have a cubic base, began in early 2006. Steel became visible aboveground in 2007, and by 2013 the building will be ready for occupancy - twelve years after the World Trade Center was destroyed by terrorist attacks.

The site will also feature the Reflecting Absence memorial, which will honor the 2,986 men and women who died as a result of the terrorist attacks which thrust America, and the world, into war. Over 2,500 people died after the World Trade Center came crashing down to earth, and leaders vow they will never be forgotten.

> **Remarque**
> 1 pied = 33 cm, la tour fera environ 592 m. Les 1 776 pieds sont un hommage à la Déclaration d'indépendance des USA de 1776.

"http://www.nyc-tower.com/gallery/" http://www.nyc-tower.com/gallery/DR

- Partir du connu et se concentrer sur l'essentiel

– Surlignez tous les mots que vous connaissez ou reconnaissez.
On s'aperçoit que l'on connaît la majorité des mots du texte. → On apprend qu'à New York, un mémorial se tiendra sur le site du World Trade Center.
– L. 10, on ne connaît pas *former*. Il est placé avant *Word Trade Center*. → C'est donc un adjectif ; mais il n'est pas important.
Former signifie « ancien ». → Que l'on comprenne « sur le site du World Trade Center » ou « sur le site de l'ancien World Trade Center » ne fait aucune différence.
On en conclut que les adjectifs peuvent souvent être laissés de côté. Surtout, ne restez pas bloqués par des éléments non compris.

→ Des mots du texte restent inconnus ; que fait-on quand on ne connaît pas un mot ? :

- Utilisez le contexte

Grâce aux mots que vous avez compris, essayez de deviner les éléments qui vous manquent.

– *Tower* est quelque chose de haut (l. 9).

– *Tower* est quelque chose qui se trouvera sur le site du World Trade Center (l. 10).

– *Tower* est quelque chose qui se construit (l. 14).

} Qu'est-ce qui est haut, peut se construire, et a un rapport avec le World Trade Center ? → Un bâtiment, un immeuble, une tour.

- Décomposez les mots → La formation des mots peut vous renseigner sur leurs significations.

Par exemple, on ne connaît pas *aboveground* (l. 15), mais si on le décompose : *above* (au dessus) + *ground* (sol) = au dessus du sol.

- Utilisez la grammaire → En utilisant la grammaire, on peut éviter de graves erreurs de sens. Elle peut aussi vous donner des indices sur la nature des mots.

L. 15, on ne connaît pas *steel*. On ne peut pas le décomposer. Quel est son statut grammatical ?
Il est placé avant le groupe verbal *became visible*, c'est donc probablement un nom qui est sujet de *became visible*.

Vérification des connaissances

1 Cochez les bonnes réponses.

1. « Oreilles décollées » se dit :

☐ unglued ears ☐ misglued ears ☐ plate ears ☐ jug ears

2. En Anglais britannique « le premier étage » se dit :

☐ the ground-floor ☐ the first floor ☐ floor one ☐ the second floor

3. Que veulent dire les initiales « www » ?

☐ world web wide ☐ wide world web ☐ world wide web ☐ wild wild west

4. Comment dit-on « les données » ?

☐ data ☐ file ☐ floppy ☐ folder

5. Le métro londonien s'appelle *the underground* mais aussi :

☐ the subtrain ☐ the subway ☐ the undertrain ☐ the tube

6. « Technologie de pointe » se dit :

☐ pointed technology ☐ cutting edge technology ☐ pointy edge technology ☐ cut edge technology

7. « Un garçon aux cheveux longs » se dit :

☐ a hair-long boy ☐ a long-hair boy ☐ a hair-longed boy ☐ a long-haired boy

8. « Le sous-sol » se dit :

☐ attic ☐ basement ☐ cellar ☐ cave

Exercices d'entraînement

2 Associez ces lieux avec leur traduction.

1. house	**a.** salon
2. living-room	**b.** librairie
3. study	**c.** foyer (chez moi)
4. office	**d.** bibliothèque
5. library	**e.** bureau (pièce)
6. dining-room	**f.** salle à manger
7. bookshop	**g.** maison
8. home	**h.** bureau (lieu de travail)

3 Complétez ces phrases avec les mots suivants.

office – file – overweight – delete – pavement – call – double click – muscular – open – shopwindow – internet access provider

1. I have to .... my .... because I have a problem with my internet connection.

2. "OK sir, don't panic, ... to .... the folder, then select the .... and click on ....

3. Yesterday, I was walking on the .... to go to the .... when I saw a beautiful little dress in a ....

4. Mike used to be .... but he did a lot of sport and now he has become extremely ....

4 Reformulez ces phrases avec des adjectifs composés.

1. a man with a short temper

2. a girl with long hair

3. a boy with green eyes

4. a witch with a crooked nose

5. a room with a low ceiling (un plafond bas)

5 **Traduisez ces phrases.**

1. Tom est un grand garçon aux yeux bruns et sa sœur est une belle jeune fille aux cheveux bouclés.

2. Jack est un petit garçon nerveux, avec des taches de rousseur et les sourcils broussailleux.

3. Un pirate est entré dans notre système, il a téléchargé toutes nos données et nous a contaminés avec un virus. Tous nos disques durs sont morts !

4. « Je n'arrive pas à trouver la bouteille, elle n'est pas à la cave ! ! »
« Je sais, je l'ai mise dans le frigo du garage ! »

5. Dans la nouvelle maison, il y a une cuisine, cinq chambres, deux salles de bain, un salon, une salle à manger, un grenier et un sous-sol.

Testez-vous !

p. 171

1. ankle
2. teeth
3. eyelids
4. stocky
5. a short-legged man

p.173

1. pedestrian walkway
2. third floor
3. cellar
4. cooker → *the cooker* est l'appareil éléctroménager, *the cook* est la personne qui cuisine.
5. double decker buses

p.175

1. I can't save anything on my hard disc drive.
2. If you want to stop, click on cancel.
3. If you can't connect to the internet, contact your internet service provider.
4. Internet may be dangerous for your privacy.
5. Certain artists allow fans to download songs for free.

Vérification des connaissances

1

1. jug ears
2. the first floor
3. world wide web
4. data
5. the tube
6. cutting edge technology
7. a long-haired boy
8. basement

Exercices d'entraînement

2

1. house – **g.** maison
2. living-room – **a.** salon
3. study – **e.** bureau (pièce)
4. office – **h.** bureau (lieu de travail)
5. library – **d.** bibliothèque
6. dining-room – **f.** salle à manger
7. bookshop – **b.** librairie
8. home – **c.** foyer (chez moi)

3

1. I have to **call** my **internet access provider** because I have a problem with my internet connection.

2. "OK sir, don't panic, **double click** to **open** the folder, then select the **file** and click on **delete**.

3. Yesterday, I was walking on the **pavement** to go to the **office** when I saw a beautiful little dress in a **shopwindow**.

4. Mike used to be **overweight** but he did a lot of sport and now he has become extremely **muscular**.

4

1. a short-tempered man
2. a long-haired girl
3. a green-eyed boy
4. a crooked-nosed witch
5. a low-ceilinged room

5

1. Tom is a tall, brown-eyed boy and his sister is a beautiful, curly-haired young lady.

2. Jack is a small, wiry boy with freckles and bushy eyebrows.

3. A hacker broke into our system, he downloaded all our data and contaminated us with a virus. All our hard disc drives are dead!

4. "I can't find the bottle, it's not in the cellar!"
"I know, I put it in the fridge in the garage / in the garage fridge!"

5. In the new house, there is a kitchen, five bedrooms, two bathrooms, a living-room, a dining-room, an attic and a basement.

PARTIE

3

Annexes

Verbes irréguliers

Les verbes suivis de * ont aussi une forme régulière.

was / were born : naître.

infinitif	*preterit*	participe passé	traduction
be	*was / were*	*been*	être
bear	*bore*	*borne*	supporter
beat	*beat*	*beaten*	battre
become	*became*	*become*	devenir
begin	*began*	*begun*	commencer
bend	*bent*	*bent*	se courber
bet	*bet*	*bet*	parier
bite	*bit*	*bitten*	mordre
bleed	*bled*	*bled*	saigner
blow	*blew*	*blown*	souffler
break	*broke*	*broken*	casser
breed	*bred*	*bred*	élever
bring	*brought*	*brought*	apporter
build	*built*	*built*	construire
burn	*burnt*	*burnt*	brûler
burst	*burst*	*burst*	éclater
buy	*bought*	*bought*	acheter
cast	*cast*	*cast*	lancer
catch	*caught*	*caught*	attraper
choose	*chose*	*chosen*	choisir
come	*came*	*come*	venir
cost	*cost*	*cost*	coûter
cut	*cut*	*cut*	couper
deal	*dealt*	*dealt*	distribuer, négocier, s'occuper de
dig	*dug*	*dug*	creuser
do	*did*	*done*	faire
draw	*drew*	*drawn*	tirer [un trait]
*dream**	*dreamt*	*dreamt*	rêver
drink	*drank*	*drunk*	boire
drive	*drove*	*driven*	conduire
eat	*ate*	*eaten*	manger

infinitif	*preterit*	participe passé	traduction
fall	*fell*	*fallen*	tomber
feed	*fed*	*fed*	nourrir
feel	*felt*	*felt*	sentir, se sentir
fight	*fought*	*fought*	lutter, combattre
find	*found*	*found*	trouver
flee	*fled*	*fled*	fuir
fly	*flew*	*flown*	voler [en avion]
forbid	*forbade*	*forbidden*	interdire
forget	*forgot*	*forgotten*	oublier
freeze	*froze*	*frozen*	geler
get	*got*	*got*	obtenir, se procurer
give	*gave*	*given*	donner
go	*went*	*gone*	aller
grow	*grew*	*grown*	pousser, croître
hang	*hung*	*hung*	accrocher, suspendre
have	*had*	*had*	avoir
hear	*heard*	*heard*	entendre
hide	*hid*	*hidden*	cacher
hit	*hit*	*hit*	frapper, atteindre
hold	*held*	*held*	tenir, occuper
hurt	*hurt*	*hurt*	blesser, faire mal
keep	*kept*	*kept*	garder, conserver
kneel	*knelt*	*knelt*	s'agenouiller
know	*knew*	*known*	savoir, connaître
lay	*laid*	*laid*	coucher, placer
lead	*led*	*led*	mener, diriger
*lean**	*leant*	*leant*	s'appuyer
*learn**	*learnt*	*learnt*	apprendre
leave	*left*	*left*	quitter, partir
lend	*lent*	*lent*	prêter
let	*let*	*let*	permettre, laisser
lie	*lay*	*lain*	être couché, situé
lose	*lost*	*lost*	perdre
make	*made*	*made*	fabriquer, faire
mean	*meant*	*meant*	vouloir dire, signifier
meet	*met*	*met*	rencontrer

infinitif	*preterit*	participe passé	traduction
pay	*paid*	*paid*	payer
put	*put*	*put*	mettre, placer
quit	*quit*	*quit*	quitter
read	*read*	*read*	lire
ride	*rode*	*ridden*	aller à cheval, à vélo
ring	*rang*	*rung*	sonner, téléphoner à
rise	*rose*	*risen*	se lever, s'élever
run	*ran*	*run*	courir
say	*said*	*said*	dire, déclarer
see	*saw*	*seen*	voir
seek	*sought*	*sought*	chercher
sell	*sold*	*sold*	vendre
send	*sent*	*sent*	envoyer
set	*set*	*set*	placer, fixer
shake	*shook*	*shaken*	secouer
shine	*shone*	*shone*	briller
shoot	*shot*	*shot*	lancer, tirer
show	*showed*	*shown*	montrer
shut	*shut*	*shut*	fermer
sing	*sang*	*sung*	chanter
sink	*sank*	*sunk*	couler, sombrer
sit	*sat*	*sat*	s'asseoir, rester assis
sleep	*slept*	*slept*	dormir
slide	*slid*	*slid*	glisser
*smell**	*smelt*	*smelt*	sentir
speak	*spoke*	*spoken*	parler
*spell**	*spelt / spelled*	*spelt / spelled*	épeler
spend	*spent*	*spent*	dépenser, passer [temps]
spill	*spilt*	*spilt*	répandre
spit	*spat*	*spat*	cracher
split	*split*	*split*	fendre
spoil	*spoilt*	*spoilt*	gâter, gâcher
spread	*spread*	*spread*	étendre
stand	*stood*	*stood*	se tenir debout
steal	*stole*	*stolen*	voler, dérober
stick	*stuck*	*stuck*	coller

infinitif	***preterit***	**participe passé**	**traduction**
strike	*struck*	*struck*	frapper
string	*strung*	*strung*	enfiler
swear	*swore*	*sworn*	jurer
sweep	*swept*	*swept*	balayer
swim	*swam*	*swum*	nager
take	*took*	*taken*	prendre
teach	*taught*	*taught*	enseigner
tear	*tore*	*torn*	déchirer
tell	*told*	*told*	dire, raconter
think	*thought*	*thought*	penser, réfléchir
throw	*threw*	*thrown*	jeter, lancer
undergo	*underwent*	*undergone*	subir
understand	*understood*	*understood*	comprendre
undertake	*undertook*	*undertaken*	entreprendre
wake	*woke*	*woken*	se réveiller
wear	*wore*	*worn*	porter [vêtements]
weep	*wept*	*wept*	pleurer
win	*won*	*won*	gagner
write	*wrote*	*written*	écrire

Faux amis

Attention certains faux amis suivis d'une astérisque * ne le sont que dans certains contextes.

mot anglais	traduction	faux ami en français	traduction
accommodate	loger quelqu'un	accommoder	*prepare*
achieve	réussir	achever	*finish*
actuality	réalité	actualités	*the news*
actually	en fait	actuellement	*at present*
advertisement	publicité	avertissement	*warning*
agenda	ordre du jour	agenda	*text book*
application	candidature	appliquer	*apply*
*argument**	dispute	argument	*argument*
assist	aider	assister	*attend to*
attire	habiller	attirer	*attract*
car	voiture	car	*bus*
cave	grotte	cave	*cellar*
*character**	personnage	caractère	*character*
check	vérifier	chèque	*cheque*
comprehensive	complet	compréhensif	*understanding*
cry	pleurer	crier	*shout*
deception	tromperie	déception	*disappointment*
engin	moteur	engin	*machine*
enterprise	initiative	entreprise	*company / firm*
eventually	finalement	éventuellement	*possibly*
experience	avoir de l'expérience	expérience	*experiment* [chimie]
*famous**	célèbre	fameux	*famous*
grapes	raisin	grappe	*bunch*
inhabited	habité	inhabité	*uninhabited*
journey	voyage, trajet	journée	*day*
large	grand	large	*wide*
library	bibliothèque	librairie	*bookshop*
location	emplacement / situation	location	*rental*

mot anglais	**traduction**	**faux ami en français**	**traduction**
novel	roman	nouvelle	*short story*
offer	proposer	offrir	*give*
pass	passer [ne pas redoubler]	passer un examen	*to take an exam*
*present**	cadeau	présent	*present*
recording	enregistrement	record	*record*
sensible	raisonnable	sensible	*sensitive*
smoking	verbe fumer	smoking	*tuxedo*
stage	scène [l'estrade]	stage	*internship*
support	soutenir [une équipe]	supporter	*bear*
surname	nom de famille	surnom	*nickname*
sympathetic	compatissant	sympathique	*nice*
terrific	super, formidable	terrifiant	*terrifying*
traduce	calomnier	traduire	*translate*

Top des expressions

Les expressions les plus incontournables de la langue anglaise courante pour mieux comprendre et se faire comprendre.

anglais	**français**
Big deal. ou *So what?*	Et alors ?
Enjoy yourself. ou *Have fun.*	Amuse-toi bien.
Get off my back.	Laisse-moi tranquille.
Help yourself.	Sers-toi.
Make yourself at home.	Fais comme chez toi.
Mind your own business.	Mêle-toi de tes affaires.
See you.	À plus.
Take it easy.	Ne vous en faites pas.
What's up?	Quoi de neuf ?
What's wrong?	Qu'est-ce qui ne va pas ?
Awesome.	Génial.
Amazing.	Extraordinaire.
Brilliant.	Super.
Excellent.	Excellent.
No way.	Pas question.
Wait a minute!	Attends un peu ! / Une minute !
Come on!	Allez !
The more, the merrier	Plus on est de fous, plus on rit
The sooner, the better	Le plus tôt sera le mieux
Meet one's match	Trouver à qui parler
Fat chance	Aucune chance (ironique)
Shame on you !	Honte à toi ! / La honte !
No matter what	Quoi qu'il arrive

Annexes

N° de projet : 10244284 - N° imprimeur : 201810.2026
Imprimé en décembre 2018 par Loire Offset Titoulet à Saint-Etienne - France